Carmen Gil Guerra

Nexos

Actividades de cultura
——— y civilización españolas

SOCIEDAD GENERAL ESPAÑOLA DE LIBRERÍA, S.A.

Primera edición en el 2000

© SOCIEDAD GENERAL ESPAÑOLA DE LIBRERÍA, S.A., 2000
Avda. Aldelaparra, 29 - 28108 ALCOBENDAS (Madrid)
© Carmen Gil Guerra, 2000

Realización: EDIPROYECTOS EUROPEOS
Coordinación editorial: Pilar Rubio
Diseño de cubierta y maquetación interior: José Antonio Herranz
Fotografías: Archivo SGEL
            Archivo EDIPROYECTOS
            Museo de América

ISBN: 84-7143-820-8
Depósito legal: M. 23.003-2000
Printed in Spain. Impreso en España

Fotomecánica: Negami, S.L.
Impresión: Sittic, S.L.
Encuadernación: Felipe Méndez, S.L.

ÍNDICE

PRESENTACIÓN

NEXOS, el título de este manual, necesita una explicación. En él se propone un paseo, un recorrido a través del tiempo, hasta la actualidad viva de nuestros días, por las etapas y avatares más significativos de nuestra cultura y de nuestra historia.

Mediante un proceso cíclico y pedagógico, **Nexos** muestra cómo evolucionan y se relacionan los acontecimientos y las culturas, formando una compleja maraña que es preciso analizar y comprender.

Al abarcar y conexionar períodos de tiempo, a la vez que temas de historia, arte y literatura, no se ha pretendido crear un manual teórico exhaustivo. Nuestro deseo es, por el contrario, proponer un conjunto de actividades prácticas capaces de interesar y motivar al estudiante extranjero de cultura española.

Para ello, ha sido inevitable la creación de un manual de actividades que evoluciona progresiva y sistemáticamente. Consta de tres partes, las cuales tratan independientemente sobre temas de historia, arte y literatura. En cada uno de estos apartados hay una serie de capítulos ordenados cronológicamente. Los capítulos se inician con una sinopsis explicativa sobre un período histórico, literario o artístico. Después de la lectura de la sinopsis se plantea todo un conjunto de actividades prácticas variadas e interactivas, que permiten al estudiante de español desarrollar capacidades como comprensión, expresión, recopilación, análisis y comparación de datos.

Este libro de actividades, **Nexos**, puede ser utilizado como complemento de un método o de cualquiera de los títulos publicados sobre cultura y civilización. Pero también puede usarse autónomamente como un verdadero manual. En efecto, la estructura y sistematización de los contenidos permite al alumno y al profesor un recorrido completo por los temas esenciales de la cultura y civilización españolas.

Cada día somos más conscientes de que la lengua y cultura no son disociables en la enseñanza-aprendizaje de un idioma extranjero. Para estudiar la lengua existen los métodos, pero los alumnos y profesores también necesitan materiales adecuados para el estudio de la cultura y la civilización.

Historia

❶ LA PENÍNSULA IBÉRICA: LUGAR DE ENCUENTRO DE CIVILIZACIONES

SINOPSIS HISTÓRICA

● EL PRIMER HOMBRE, LA PRIMERA PIEDRA

Homo ancestor. Escena de vida cotidiana, por Gilles Tosello.

La situación geográfica de la Península, como puente natural entre Europa y África, favoreció la llegada de emigraciones. Durante las glaciaciones, el nivel del Mediterráneo bajó considerablemente y abrió vías de comunicación de uno a otro continente. De hecho, España estuvo habitada desde tiempos más remotos. De esta presencia humana quedan vestigios fósiles antiquísimos (El Hombre antecesor, de Atapuerca, de 800.000 años) y muy abundantes muestras de las primeras creaciones artísticas: pinturas rupestres en cuevas o abrigos, estatuillas, cerámicas y monumentos megalíticos.

Las pinturas más famosas son las de Altamira y El Castillo (Cantabria), Alpera (Albacete) y Cogul (Lérida).

Al finalizar las glaciaciones, el cambio climático hizo posible los asentamientos en un lugar fijo, y, consecuentemente, el cultivo de la tierra (agricultura) y la domesticación de los animales. Con ello, comenzó también el proceso de socialización con ritos religiosos y funerarios.

En las pinturas de la cueva de Altamira podemos observar como en un libro abierto la forma de vida del hombre primitivo, nómada y cazador.

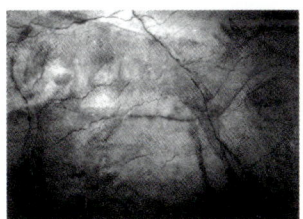

ACTIVIDAD A: MIRAR EL ARTE

Observa las pinturas:

1.- ¿Qué tipo de animales ves?

2.- ¿Hay figuras humanas?

3.- ¿Cómo crees que sobrevivían?

❑ Gracias a la caza.
❑ A la pesca.
❑ A la agricultura.

❑ ¿Conocían el fuego?
❑ ¿Y los metales?
❑ ¿Comerciaban?

Pinturas de la cueva de *Altamira*, Cantabria (España).

● EL HOMBRE Y LOS METALES

En el III milenio a. C. ya aparecen poblados organizados que vivían del comercio de los metales, principalmente oro, plata y bronce. Los grandes recursos mineros atrajeron a pueblos indoeuropeos y mediterráneos, que introdujeron el uso del hierro, el cultivo de la vid, y·el olivo, la industria de la salazón del pescado, el torno del alfarero, el comercio, la moneda y nuevas estructuras urbanas y formas culturales.

● LA EDAD DE HIERRO

En el primer milenio a.C. se generaliza el uso del hierro en la Península. Además, las inmigraciones se intensifican, tanto de pueblos indoeuropeos a través de los Pirineos (celtas), como de pueblos del Mediterráneo (fenicios, griegos y cartagineses).

● LOS PUEBLOS PRERROMANOS

Mapa mudo de España, visión del mar Mediterráneo, Norte de África y parte de Europa.

1.- LOS FENICIOS

Los asentamientos fenicios se sitúan en el litoral mediterráneo. La fundación más antigua fue Gadir o Cádiz. Desde *Cádiz* se controlaba no sólo la ruta atlántica del comercio del estaño, sino todo el comercio a lo largo del Mediterráneo occidental.

2.- LOS TARTESIOS

El reino tarteso data del siglo IV a.C. Se ubicó en el bajo *Guadalquivir*.

3.- LOS GRIEGOS

Siguiendo la ruta mediterránea de los metales colonizaron el nordeste de la Península (*Ampurias*).

4.- LOS CARTEGINESES

Procedentes del Norte de África, colonizaron la zona de Levante (Cartago Nova: *Cartagena*).

5.- LOS IBEROS

Eran los descendientes de los pobladores neolíticos de la costa mediterránea. Se extendieron además por el *valle del Ebro* y el Pirineo hasta el mediodía francés.

6.- LOS CELTAS

Llegaron a la Península en el siglo IX a.C. Atravesaron los Pirineos y ocuparon la mitad *norte*.

7.- Las tribus cántabras y del interior

Los cántabros, astures y galaicos eran pueblos básicamente agrícolas y ganaderos y ocupaban la cornisa *norte*. Los celtíberos estaban asentados en el *centro* peninsular.

Actividad B: Asentamientos prerromanos

Sitúa los asentamientos de los pueblos prerromanos.

1.- Relaciona las siguientes características con el pueblo que le corresponda:

- ❏ Se asentaron en el litoral mediterráneo.
- ❏ Se asentaron en el centro de la Península.
- ❏ Este pueblo ocupó la mitad norte de la Península.
- ❏ Llegaron de África y conquistaron el Levante español.
- ❏ Este pueblo ocupó la zona sur de la Península.
- ❏ Son las antiguas tribus neolíticas originarias de la Península.

2.- Qué pueblos fueron los conquistados?

3.- ¿Qué pueblos fueron los conquistadores?

4.- ¿Qué motivó a estos pueblos a instalarse en Hispania?

5.- Observa las siguientes piezas de arte.

- ◆ ¿Puedes identificarlas?
- ◆ ¿Crees que eran pueblos de cultura avanzada?

● El imperio romano en la península ibérica

1.- La romanización

Los romanos llegaron a la Península Ibérica el año 218 a.C. para atacar a los cartagineses, a los que derrotaron. Se extendieron luego por toda la Península, en un proceso de conquista que duró dos siglos. Los distintos pueblos autóctonos, sin unidad étnica ni política entre ellos, fueron sometidos y colonizados. Los vencidos tuvieron que asimilar las estructuras económicas, sociales, culturales y políticas del mundo romano.

La conquista romana se realizó en tres etapas:

1-. El mediterráneo

Años 218 al 170 a.C. Ocuparon el litoral mediterráneo y la cuenca del Guadalquivir y del Ebro durante la segunda Guerra Púnica, en época de Aníbal.

2.- La meseta

En la segunda mitad del siglo II a.C. los romanos luchan con los pueblos asentados en la meseta, como los lusitanos (Viriato, 147-139 a.C.) y los arévacos (Numancia, 153-133 a.C.).

3.- Franja cantábrica

El emperador Augusto somete al control de sus legiones el territorio de cántabros y astures en una dura guerra (29-19 a.C.).

Actividad C: Lectura y comprensión

1.- ¿Cómo fue la conquista romana de Hispania?

2.- ¿Qué zona fue la última en ser dominada?

3.- ¿Qué famoso emperador intervino en la conquista?

C.1 Ejercicio escrito y exposición: La historia de españa

Temas:
- ◆ La conquista de Hispania.
- ◆ El sometimiento de los pueblos del norte.
- ◆ Administración romana de Hispania.

Bibliografía:

✓ Bajo Álvarez, Fe: *Historia de España*, "España antigua y medieval", SGEL, Madrid, 1998, p-p: 23-30.

Actividad D: La historia que perdura bajo el mar

1.- ¿Te atreves a hacer un estudio arqueológico con tus compañeros? Imagina la siguiente situación y rellena la ficha.

Un navío hundido en las profundidades del mar Mediterráneo.

NOMBRE DE LA EMBARCACIÓN: _____

EMPERADOR ROMANO: AUGUSTO _____   ALTO IMPERIO _____

BAJO IMPERIO _____

Representación de un barco romano.

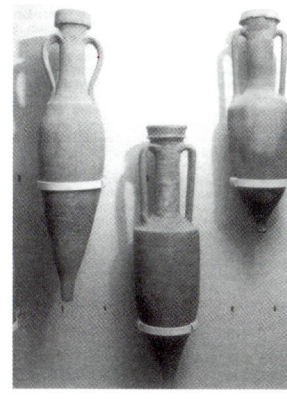

Las ánforas eran para los antiguos como nuestros modernos envases sin retorno. Después de dos mil años sus restos son un documento histórico sobre el comercio y la producción alimenticia.

2.-Imagina e investiga sobre:

◆ ¿Qué ruta seguía?
◆ ¿Cuál era su destino?
◆ ¿Qué cargamento llevaba en sus bodegas?
◆ ¿Qué contienen las vasijas cerradas durante milenios?
◆ ¿Qué harían con esa mercancía?

D.1 EL ARTE BAJO EL MAR

1.-¿Qué tipo de obras de arte se pueden encontrar?

2.-¿Qué tesoros se encuentran dentro de las arcas?

❑ Denarios imperiales.
❑ Joyas de oro, plata...

El vino y el aceite fueron el principal objeto de exportación. También se exportaban higos de Sagunto, salazón, jamones...

Durante el *Alto Imperio* (desde Augusto hasta la crisis del siglo III), la cerámica de la Rioja se expandió por todo el Mediterráneo junto con tejidos de lino, vidrio, etc. También la exportación de los minerales preciosos tuvo gran importancia. Las minas de Sierra Morena producían cobre y plata; y las del noroeste, oro.

En el *Bajo Imperio* (desde la crisis del siglo III hasta finales del siglo V), las exportaciones fueron de trigo, caballos para los circos y aceite de oliva. Las producción minera pierde fuerza.

Acueducto de Segovia.

Templo de Diana, Mérida (Badajoz).

Vía romana de los Balcones, Ostia (Italia).

Teatro de Emerita Augusta, Mérida (Badajoz).

Puente romano, Alcántara (Cáceres).

ACTIVIDAD E: LECTURA DE UN TEXTO SOBRE UNA CIUDAD ROMANA

LA VIDA ROMANA

He caminado durante días buscando las ruinas de una ciudad romana.
Había tantas y tantas ciudades repartidas por Iberia: *Segovia, Tarragona, Mérida, Clunia, Barcelona...* y todas ellas se organizaban al estilo de Roma.

El centro de la ciudad, donde estaba situado el *foro*, era una *plaza*. Allí se concentraban las actividades sociales más importantes, como acudir a los *templos*, resolver los problemas de *justicia* en la *curia* o sede del senado local y hacer las compras diarias en las *tabernae* o tiendas comerciales. Por estas calles pasaban *gladiadores* camino del circo, bailarinas y cómicos iban hacia el *anfiteatro...* y los intelectuales daban sus discursos de retórica junto al *acueducto*.

Desde el centro de la ciudad, la vía imperial enlaza con la red de caminos transversales (más de 10.000 km) que comunican Lusitania, la Bética y Galicia con el mar Mediterráneo y con Roma. "¡Mi suerte está echada!". En el camino he encontrado un *denario* de plata.

Ruinas de Itálica (Sevilla).

E.1 LA CIUDAD ROMANA Y SU ENTORNO

◆ 1.- ¿Cómo ves una ciudad romana?
◆ 2.- Analiza las fotografías de las páginas 13 y 14 y descríbelas teniendo en cuenta el contenido léxico y cultural del texto.

ACTIVIDAD F: ¿HABLAMOS EN LATÍN?

Imagina a la población hispana conviviendo con los colonizadores romanos.

1.- ¿Qué lengua crees que se impuso oficialmente en todo el territorio conquistado por los romanos?

❑ La lengua fenicia. ❑ La cartaginesa. ❑ La latina.
❑ La lengua celta. ❑ La vasca.

2.- ¿La lengua del imperio fue el latín?

❏ Sí.   ❏ No.

La dominación romana en Hispania impuso el latín como lengua culta y de uso. En el Bajo Imperio, el latín se vulgarizó dando lugar a un lenguaje simplificado del que se derivaron las lenguas romances (siglo X).

3.- ¿Qué significado tiene para ti la palabra *romance*?

❏ Viene de romano.   ❏ Es una lengua o conjunto de lenguas que
❏ Es un poema de amor.   tienen como tronco común el latín.

4.- ¿En tu idioma existen palabras procedentes de la lengua latina que contengan los prefijos que se relacionan a continuación? Asocia cada prefijo con su valor.

❏ Sí.   ❏ No.

1.- Ad: a.- Todo.
2.- Co-, com: b.- Después de.
3.- Extra: c.- Extremadamente o fuera de.
4.- I-in-im: d.- Privado de.
5.- Omni: e.- Hacia, o añadido.
6.- Per: f.- A través, enteramente.
7.- Pos-, post: g.- Con.

5.- ¿Conoces palabras técnicas del ámbito jurídico, científico, botánico que deriven del latín culto?

6.- Estas expresiones son latinas. ¿Cómo las interpretas?

a.- "Mens sana in corpore sano".   Alma sana en cuerpo sano.
b.- "In situ".   En este sitio.
c.- "In vitro" (fecundación).   En cristal.
d.- "Carpe diem".   Aprovecha el momento.

ACTIVIDAD G: DEBATE: EL DERECHO ROMANO EN LA CULTURA OCCIDENTAL

El derecho fue una de las contribuciones fundamentales de Roma a la civilización occidental. ¿Sabías que todavía hoy se mantienen en nuestro sistema jurídico los principios básicos del derecho romano, en cuestiones como el matrimonio, el divorcio, la propiedad, la herencia, la ciudadanía...?

TEMAS ACTUALES SOBRE EL MATRIMONIO
1.- Selecciona los temas y utilízalos para comenzar el debate.

A.- ....   B.- ....
C.- ....   D.- ....

CARACTERÍSTICAS DEL MATRIMONIO ROMANO

"Augusto dictó unas leyes por las cuales obligaba a contraer matrimonio a todos los hombres entre 25 y 60 años y a todas las mujeres entre los 20 y 50 años. Las familias con tres hijos estaban exentas de algunos impuestos. El padre de varios hijos tenía preferencia para ocupar cargos públicos".

ELLUL, J.: *Historia de las Instituciones de la Antigüedad*, Aguilar, Madrid, 1970.

Augusto dictó esta ley por:

  a.- Beneficios económicos para las familias y el Estado.
  b.- Favorecer el crecimiento de la natalidad.
  c.- Regreso a los antiguos valores morales y tradicionales.

ACTIVIDAD H: LECTURA DE UN ARTÍCULO SOBRE LA RELIGIÓN ROMANA

Comenta con tus compañeros las preguntas que aparecen al final de la narración.

LOS ADIVINOS DEL IMPERIO

La civilización romana practicaba una religión que contaba con numerosos dioses o diosas. Marte era el rey de la guerra, Diana de la caza y de los bosques, Neptuno dios del mar, Júpiter era el rey del Panteón o conjunto de dioses.

Por ejemplo, el emperador Domiciano sentía un culto especial por la diosa Minerva, puesto que al ser diosa de la guerra y de las letras la honraba para que le concediera sus poderes.

En honor de los dioses se construían templos, esculturas y se celebraban grandes rituales. Entre ellos, estaban los que oficiaban sacerdotes, llamados augures, porque la ceremonia consistía precisamente en adivinar los *augurios*.

Un augurio predice el comienzo de algo, y para saber cómo se desarrollaría, si de forma positiva o desfavorable, observaban el vuelo de pájaros como los cuervos, las cornejas, los buitres, o bien estudiaban las vísceras de toros previamente sacrificados.

1.- En español siguen utilizándose expresiones como éstas:

   "Pájaro de mal agüero".   "Esto no augura nada bueno".   "Agorero".

2.- ¿Existen estas expresiones en tu país? ¿Qué significado tienen para vuestra cultura?

3.- ¿Para qué practicaban estos ritos?

   a.- Para prepararse a la batalla.
   b.- Para conocer los destinos de una ciudad.
   c.- Para resolver dudas personales.
   d.- Para conocer el futuro y la resistencia de un guerrero o emperador ante la enfermedad.

4.- ¿Existe en tu cultura una religión ancestral que utilizara los animales para adivinar el futuro?

5.- ¿Los adivinos y adivinas siguen existiendo en las culturas actuales?

❷ EL NACIMIENTO DE LAS NACIONALIDADES HISTÓRICAS

SINOPSIS HISTÓRICA

1.- Los visigodos

A principios del siglo IV d.C., diversos pueblos procedentes del norte y del este de Europa invadieron la Península y derrotaron a los romanos. Uno de estos pueblos, los *visigodos*, lograron imponerse y formar una organización política unitaria, con capital en Toledo. El reino visigodo de España terminó romanizándose y hasta se convirtió al catolicismo.

2.- Los árabes

En el año 711, los *árabes* (los llamados "moros") atravesaron el estrecho de Gibraltar y desembarcaron en la Península. En pocos años aniquilaron la resistencia visigoda y conquistaron todo el reino hasta penetrar en territorio del sur de Francia. Pero el dominio moro fue muy superficial en toda la zona norte peninsular. De ahí que a mediados del siglo VIII ya aparezcan consolidados en las zonas montañosas septentrionales núcleos de resistencia contra los musulmanes.

3.- Los cristianos

Estos grupos *resistentes cristianos* adoptaron formas monárquicas y se organizaron como reinos, condados y señoríos. Evolucionaron independientemente. Cada uno desarrolló su propia lengua y cultura, sus propias instituciones, y tomó conciencia de su individualidad. A pesar de la fragmentación propia del sistema feudal de señoríos, todos batallaron en la reconquista de España a los moros.

El último reducto árabe fue el reino moro de Granada, que cayó en 1492.

La dinámica de la reconquista y el ideal unitario hispánico transmitido desde la época romana y visigótica, provocó la paulatina reunificación de los distintos reinos.

4.- Los reinos

Primero se formaron dos grandes núcleos: el occidental (León y Castilla; Portugal permaneció independiente) y el oriental (Aragón y Cataluña). El proceso integrador culminó en el siglo XV, con el matrimonio de Isabel de Castilla y de Fernando de Aragón, que propició la unión dinástica y la creación de España como Estado unificado bajo la corona de los Reyes Católicos, Isabel y Fernando.

ACTIVIDAD A: Lectura y comprensión

Has leído los apartados anteriores sobre la formación de España. Ya ves que el texto está dividido en párrafos con unos títulos que engloban su contenido.

1.- Sitúa en el cuadro las características más importantes de cada etapa:

ETAPAS	TÍTULO	IDEA PRINCIPAL

2.- Busca en la Sinopsis las palabras que aparecen a continuación y defínelas según el contexto:

- ◆ Toledo: La capital de los visigodos
- ◆ Romanización: ....
- ◆ Resistencia: ....
- ◆ Reinos: ....
- ◆ Condados: ....
- ◆ Señoríos: ....
- ◆ Reconquista: ....
- ◆ Dinastía: ....
- ◆ Granada: ....
- ◆ Fragmentación: ....
- ◆ Reunificación: ....
- ◆ Batallar: ....
- ◆ Individualidad: ....

ACTIVIDAD B: REPASANDO LA HISTORIA

Elige la respuesta que creas correcta:

1.- Los visigodos derrotaron a los:

    a.- Romanos.   b.- Árabes.   c.- Cristianos.

2.-   El dominio moro acabó con :

    a.- La monarquía feudal.   b.- El reino visigodo.   c.- Los Reyes Católicos.

3.- Los núcleos de resistencia estaban formados por:

    a.- Cristianos.   b.- Condes, reyes y señores.   c.- Visigodos.

4.- La reconquista se efectuó desde:

    a.- El norte peninsular.   b.- Granada.   c.- Toledo.

5.- La formación de los reinos peninsulares se debe a:

    a.- La reconquista.   b.- Grupos resistentes   c.- El dominio moro.

B.1 LA IMAGEN Y LA PALABRA

Identifica estas imágenes con hechos históricos:

Entrada del rey Wamba en Toledo.

❑ Reino visigodo.
❑ Conquista de España por los moros.
❑ Campos de la reconquista.

Jardines del Generalife.

Vista de un castillo en tierras de Castilla.

Si visitas España, ¿qué ciudades te gustaría conocer teniendo en cuenta su historia?

❑ Por sus leyendas.
❑ Por su misterio.
❑ Por su arte y costumbres.

ACTIVIDAD C: ¿CÓMO VEO LA HISTORIA?

1.- Repasa la Sinopsis y efectúa los siguientes *enlaces* hasta llegar a la unificación política y territorial:

A .- EL PODER DE LOS _____ ENLAZA CON LA DERROTA DE _____ Y CON
LA _____ LUCHA DE _____ QUE TERMINA CON _____ EN
LA ÉPOCA DE _____.

C.1 EJERCICIO ESCRITO Y EXPOSICIÓN: LA HISTORIA DE ESPAÑA

Formad grupos en clase y que cada uno haga un comentario escrito sobre el apartado estudiado. Temas:

◆ ¿Por qué se fueron los romanos después de tantos siglos?
◆ ¿Cómo vivían los visigodos: con una cultura romana o propia?
◆ ¿Cómo surgieron los reinos independientes peninsulares?
◆ ¿Qué pasó con los hispanovisigodos que no se integraron con los árabes?
◆ ¿Cómo se organizaron políticamente los grupos de resistencia cristianos?

Bibliografía:

✓ BAJO ÁLVAREZ, Fe: *Historia de España*, "España antigua y medieval", SGEL, 1998.
"La Hispania visigoda", p-p: 37-46.
"La Hispania cristiana", p-p: 59-68.
"La España musulmana", p-p: 47-50.

ACTIVIDAD D: LOS SÍMBOLOS REALES

Al observar las monedas y sellos te puedes situar en una época histórica:

❑ Celta.   ❑ Árabe.
❑ Romana.   ❑ Española.

Sello de Alfonso X el Sabio y
monedas (anverso y reverso).

¿Qué representan para ti las figuras y símbolos que aparecen en ellos?

1.- La corona: a.- Monarquía.   b.- Feudalismo.   c.- Capitalismo.

2.- El caballero: a.- Guerrero.   b.- Rey.   c.- Héroe.   d.- Misterio.   e.- Valentía.

3.- Los escudos: a.- Adorno.   b.- Blasón.   c.- Identidad.   d.- Defensa.

4.- El castillo: a.- Arquitectura.   b.- Defensa.   c.- Reino.   d.- Vivienda.

5.- Los leones: a.- Valentía.   b.- Animal exótico.   c.- Reino.

6.- Las inscripciones: a.- Latín.   b.- Español.   c.-Árabe.

Al observar un símbolo podemos deducir algunas conclusiones:

1.- Sistema político: ....
2.- Estamento social: ....
3.- Lengua: ....
4.- Sistemas de defensa: ....
5.- Denominación de un reino: ....

ACTIVIDAD E: SOCIEDAD Y POLÍTICA EN LA EDAD MEDIA

1.- ¿Qué es el feudalismo?

2.- Investiga sobre los estamentos políticos y sociales del feudalismo:

- ◆ Monarquía:
- ◆ Aristocracia:
- ◆ Nobleza:
- ◆ Artesanos:
- ◆ Comerciantes:
- ◆ Pueblo bajo:

3.- ¿Cuándo surge la crisis feudal?

4.- Dibuja la pirámide social de la época feudal.

SEÑORES, VASALLOS Y REYES

El feudalismo nace de la disgregación del poder de las grandes monarquías europeas de los siglos X y XI. Los señores feudales, que recibieron del rey grandes territorios en recompensa por su ayuda en la guerra (Reconquista en España), pronto convirtieron en hereditarias tales propiedades, en las que ejercieron un poder total sobre sus vasallos. El monarca, cada vez más debilitado, quedaba a merced de sus nobles. Esta situación no acabó hasta finales del siglo XIV.

LAS NUEVAS CIUDADES

La economía basada en el comercio y en la artesanía se desarrolla en los "burgos", ciudades "libres" protegidas por la Corona. Los reyes potencian las ciudades como contrapeso a los grandes señores feudales que, encerrados en sus fortalezas, quedaron cada vez más aislados y debilitados.

ACTIVIDAD F: LA NUEVA CIUDAD MEDIEVAL

1.- Lee el texto A de la página siguiente, y sitúa en la foto de la ciudad medieval los términos que aparecen. Trabaja con un compañero/a.

2.- Qué significa la palabra *burgo*.

3.- Surge un nueva clase social: ¿qué es la burguesía?

4.- ¿Qué factores políticos y económicos favorecieron su aparición?

5.- ¿Piensas que la crisis del feudalismo se debe en parte a la aparición de la burguesía?

Torre de Calahorra, Aledo, y viejo recinto medieval.

TEXTO A

LA CIUDAD FEUDAL EN LA RECONQUISTA

Las ciudades y pueblos se agrupaban en torno a un *castillo* o *fortaleza*, o alrededor de una *torre*. Generalmente estas construcciones estaban situadas sobre el lugar más elevado. Junto a estos edificios, destinados a la defensa militar, se construía la *iglesia* o *monasterio*. La ciudad tenía forma *concéntrica*, es decir, como un círculo irregular configurado por *calles estrechas* y *retorcidas*.

Las viviendas se extendían hasta los límites de la ciudad, que acababan en las *murallas*. En el exterior, los pobladores hacían uso de las zonas comunitarias como los *pastos*, los *montes*, y los *cauces de agua*. Las ciudades se construían en lugares estratégicos y teniendo en cuenta la mejor manera de sobrevivir en casos de asedio.

Los *caminos* surcaban los campos más allá de las murallas y permitían las comunicaciones entre poblaciones; de este modo muchas ciudades prosperaron comercialmente, y se convirtieron en *burgos*.

TEXTO B

LOS BARRIOS MEDIEVALES DE LA CIUDAD

Alfonso X conquistó el reino de Murcia en el siglo XIII. Con ello, el asentamiento musulmán en agrupaciones urbanas defendidas por una fortaleza, cae en poder de los cristianos, obligados a convivir con la población mora y, en algunos casos, judía. Se forma una ciudad nueva en la que se interrelacionan pacíficamente culturas, religiones y habitantes.

Para evitar problemas entre las diferentes comunidades, unidas por costumbres y ritos distintos, se dividió la ciudad en distintos barrios; de este modo, encontramos la judería, los barrios cristianos y la morería.

Cada barrio se identificaba por la especialidad laboral de sus habitantes: comerciantes, artesanos, nobleza, oficios, agricultores y ganaderos...

Tener antepasados campesinos aseguraba hidalguía. Los comerciantes fueron judíos. La artesanía correspondía a los moriscos.

F.1 LÉXICO:

¿Cómo describirías estas palabras?

1.- Judería.

2.- Morería.

3.- Hidalguía.

4.- Morisco.

ACTIVIDAD G: LA CIUDAD QUE AÚN PERDURA

1.- ¿Conoces ciudades españolas medievales con las características descritas?

❏ Sí.
❏ No.

2.- Pregunta a tus compañeros/as sobre los barrios de la ciudad medieval y sus habitantes.

3.- ¿Existen en tu ciudad barrios como los descritos en esta actividad?

4.- ¿Cómo crees que vivían y se repartían las actividades económicas?

5.- ¿Crees que hoy en día perduran las costumbres, las tradiciones de estos pueblos?

6.- ¿Cómo se llama tu ciudad?

7.- ¿Existen en tu ciudad barrios con características peculiares?

8.- Escribe una narración sobre la ciudad ideal del siglo XXI.

ACTIVIDAD H: LA CULTURA, LA GUERRA Y LA POLÍTICA EN LA CORTE MEDIEVAL

El rey Alfonso X, también llamado el Sabio, además de ser un guerrero, dedicó parte de su vida a la música, a la literatura poética y a la histórica. Recopiló la cultura clásica peninsular y las culturas que formaban parte de su reino, la castellana, la árabe y la judía. Creó la Escuela de traductores de Toledo y bajo su dirección se tradujeron al latín numerosas obras árabes, y al castellano obras como el *Corán*, *Calila y Dimna*, así como la *Cábala* judía.

Observa esta pintura. A través del análisis de sus personajes podemos conocer algo sobre la sociedad medieval en torno a la corte y las funciones que desempeñaban.

Miniatura de las *Cantigas* alfonsinas.

1.- ¿Qué personajes aparecen en cada una de las ventanas?

¿Qué te sugiere la figura central?

VENTANA 1	VENTANA 2	VENTANA 3

Subraya la definición que cres es la correcta:

1.- La corte:
    a.- Rural.
    b.- Urbana.

2.- Los copistas:
    a.- Monjes.
    b.- Ordenadores.
    c.- Traductores.
    d.- Imprenta.

3.- Los músicos y cantores:
    a.- Corte.
    b.- Religión.
    c.- Divertimento.

4.- Los traductores:
    a.- Recopilación de cultura clásica.
    b.- Árabes.
    c.- Hebreos.
    d.- Cristianos.

5.- El rey:
    a.- Guerrero.
    b.- Compositor.
    c.- Copista.
    d.- Trovador.
    e.- Escritor.

❸ LA FORMACIÓN DE LA ESPAÑA MODERNA

SINOPSIS HISTÓRICA

1.- Al subir al trono los Reyes Católicos se encontraron unos Estados muy debilitados por las revueltas nobiliarias y la crisis económica. Su proyecto de unificación dinástica se consolidó con otras acciones de gran transcendencia: reconquista de Granada, fin del dominio moro en España; creación de la *Santa Hermandad*, policía local controlada por la Corona; establecimiento de la *Inquisición*, tribunal para los delitos contra la religión; *reforma administrativa*, para reforzar el poder real; *anexión* del reino de Navarra, y finalmente, *expansión* en Italia, África y Andalucía.

2.- El reino de España se constituyó así como un Estado moderno, de corte *absolutista* y *unitario*, aunque con distintas instituciones de gobierno en Castilla y en Aragón. El dinamismo del nuevo Estado quedó patente a lo largo de todo el siglo XVI, durante el cual España gozó de una total hegemonía mundial. Al casar Juana, hija y heredera de los reyes Católicos, con *Felipe I de Habsburgo*, llamado el Hermoso, la dinastía adquiere grandes territorios en los Países Bajos y Alemania. Se conforma así la gran dinastía de los *Habsburgo* o *Austrias*, que con *Carlos I* y *Felipe II* alcanzó su máxima expansión territorial (en sus dominios no se ponía el sol) y el mayor poderío militar y político.

3.- La vocación internacional de los Austrias españoles les llevó a intervenir en toda Europa en defensa de intereses dinásticos, religiosos y políticos. Se enfrentaron a *Francia* por el control de la Península italiana. Lucharon contra el *avance turco* en el Mediterráneo y en Centro Europa. Combatieron la disidencia religiosa de los príncipes protestantes de Alemania, Países Bajos y Gran Bretaña, convirtiéndose en aliados de la *Contrarreforma* en el Concilio de Trento (1545-63) y en las luchas religiosas que siguieron. Al mismo tiempo, los valores hispánicos se internacionalizaron y la cultura española logró amplísima difusión geográfica.

4.- Durante el siglo siguiente, en el reinado de los últimos Austrias, España no pudo mantener la hegemonía en Europa. Enfrentado a los Estados protestantes y a Francia, perdió la supremacía militar y gran parte de sus dominios en Europa. Por añadidura, la crisis interna se cebó en los sectores más vitales: *pérdida demográfica*, *ruina de la industria y el comercio*, por la importación masiva de metales preciosos de América, y por los movimientos secesionistas en Cataluña y Portugal. Ni los monarcas ni sus ministros o "*validos*" supieron frenar la caída, que arrastró también a la dinastía.

ACTIVIDAD A: LECTURA Y COMPRENSIÓN

Proponemos trabajar los textos de la Sinopsis en equipos. El texto está dividido en cuatro apartados.

1.- Poned un título a cada uno de ellos teniendo en cuenta las palabras clave en cursiva.

2.- En cada apartado podéis hacer un pequeño resumen según el modelo adjunto.

TEXTOS	TÍTULO	PALABRAS CLAVE y RESUMEN
1	Los Reyes Católicos	Crearon la Santa Hermandad, la Inquisición...
2		
3		
4		

ACTIVIDAD B: RELACIONES

Lee detenidamente los textos de la Sinopsis y relaciona el apartado A con el B.

A	B
1.- Santa Hermandad:	a.- El soberano y la unidad política, religiosa y lingüística.
2.- La Inquisición:	b.- "Favoritos" de los reyes en cuyas manos abandonaban sus obligaciones.
3.- Reforma administrativa:	c.- Peste negra, hambruna, crisis comercial.
4.- Monarquía absolutista:	d.- Policía local controlada por la Corona.
5.- Contrarreforma:	e.- Lucha contra la religión protestante.
6.- Pérdida demográfica:	f.- Refuerzo del poder real.
7.- Validos:	g.- Tribunal para los delitos contra la religión.

Auto de fe, por Pedro Berruguete.

Corte de los Reyes Católicos, miniatura de Marcuelo.

ACTIVIDAD C: LA UNIDAD DINÁSTICA

Completa cada sentencia con el nombre que le corresponda. Puedes buscar más información en los libros de texto y con la ayuda del profesor/a.

1.- La reina Isabel fue _____ de Juana "la loca".

    a.- Madre.   b.- Abuela.   c.- Prima.

2. Isabel y Fernando fueron _____.

    a.- Los Reyes Católicos.   b.- Los reyes de Castilla y Aragón.   c.- Los reyes de Holanda.

3.- Felipe I de Habsburgo fue _____ de Juana "la loca".

    a.- El marido.   b.- El rey consorte.   c.- El primo.

4.- Los Reyes Católicos fueron _____ de Carlos I.

    a.- Los abuelos maternos.   b.- Los abuelos paternos.   c.- Los padres.

5.- María de Borgoña y el emperador Maximiliano fueron _____ de Carlos I.

    a.- Los abuelos paternos.   b.- Los padres.   c.- Los abuelos maternos.

6.- Felipe II fue _____ de Carlos I.

    a.- El nieto.   b.- El hijo.   c.- El heredero del reino de España.

ACTIVIDAD D: LA FAMILIA DE ISABEL Y DE FERNANDO

Completa el árbol genealógico de la familia real española. Escribe el nombre de cada miembro familiar, las fechas en las que reinaron y los territorios que heredaron unos de otros.

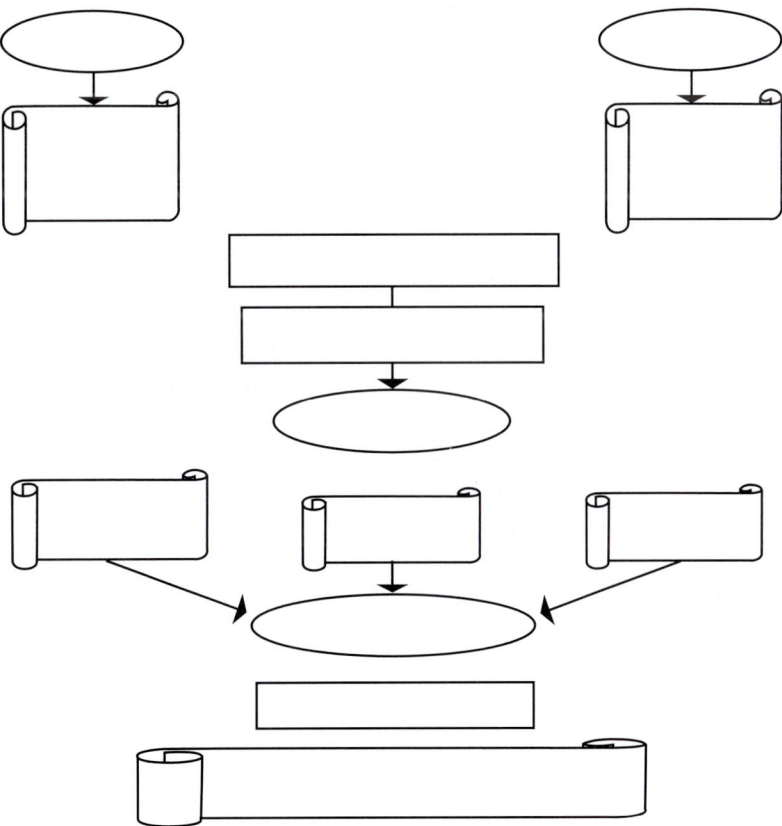

ACTIVIDAD E: VERDADERO O FALSO

Anota una X en la columna correspondiente.

V   F

1.- La monarquía de los Reyes Católicos fue autoritaria.

2.- El fanatismo religioso derivó hacia la Inquisición.

3.- En 1492 Isabel hizo una limpieza étnica en la Península.

4.- La política de los Reyes Católicos fue expansionista.

5.- En 1492 se descubre América.

Virgen de los Reyes Católicos,
anónimo español.

ACTIVIDAD F: EL LENGUAJE DE LOS SÍMBOLOS

Observa la imagen precedente y contesta:

¿Que símbolos utilizaban los Reyes Católicos para dejar constancia de su poder?

¿Conoces otras simbologías en otros sistemas políticos?

F.1 EJERCICIO ESCRITO Y EXPOSICIÓN: LA HISTORIA DE ESPAÑA

Cada uno de los grupos formados en clase puede hacer un comentario escrito sobre uno de los apartados estudiados.

Temas:

- ◆ La monarquía autoritaria.
- ◆ La política matrimonial entre las potencias europeas.
- ◆ Felipe II y el esplendor del imperio español.

Bibliografía:

✓ GIL PECHARROMÁN, Julio: *Historia de España*: "España moderna y contemporánea", SGEL, 1998.
"Los Reyes Católicos", p-p: 83-86.
"La Política imperial de Carlos I", p-p: 86-91.
"La Monarquía universal de Felipe II", p-p: 99-110.

ACTIVIDAD G: EL DEBATE

Los textos de la página siguiente pertenecen al libro *León el Africano*. Amin Maalouf describe las aventuras de un árabe andaluz que, tras el exilio, llega con su familia a Constantinopla.
En el debate leeremos y cambiaremos impresiones sobre la primera parte del libro que pertenece al exilio.
Existen cinco textos que se pueden repartir en cinco grupos. Cada equipo preparará un debate basado en el párrafo que haya elegido.

1.- Antes de comenzar el debate, conviene leer todos los textos individualmente.

2.- Para preparar el debate, proponemos seleccionar en los textos palabras claves, por ejemplo las que aparecen a continuación:

Alhambra: "El señor de la Alhambra", texto B.

Exilio: ....

Castellanos: ....

Mesías: ....

Safar: ....

Rabino: ....

Rey Fernando: ....

Tomar Granada: ....

Judíos: ....

Región Sefarad: ....

Hoguera: ....

Inquisidores: ....

Fe: ....

Arca: ....

Texto A

"Toda la parte oriental del reino, donde el partido de la guerra era el más poderoso, caía sin defenderse en manos de los castellanos. Con las victorias de los castellanos el reino de Boabdil se veía reducido a Granada y sus inmediaciones".

Texto B

"La actitud de Boabdil no me sorprendía. No ignoraba ni la ligereza del señor de la Alhambra, ni su debilidad de carácter, ni la ambigüedad de sus relaciones con los castellanos. Sabía que nuestros príncipes estaban corrompidos, que no pensaban en defender su reino y que el exilio iba a ser pronto el destino de nuestro pueblo".

Texto C

"En el transcurso de la última semana del mes de safar... vino Sara a verme con un libro pequeño...
He traído esto... Es un tratado escrito por... el rabino Ishak Ben Yahuda... que es un íntimo del rey Fernando... Intenta avisarnos de que van a tomar Granada. Sus palabras van más allá. Afirma que para los judíos no habrá aire que respirar ni agua que beber en esta región de Sefarad".

Texto D

"Me he enterado esta mañana de que a uno de mis sobrinos lo han quemado vivo en una hoguera en La Guardia, cerca de Toledo, junto con otras diez personas. Los acusaban de haber practicado la magia negra... Los inquisidores no han podido probar nada".

Texto E

"Este libro dice que los tuyos deben marcharse, Sara, sin esperar a que el destino llame a la puerta. En cuanto puedas, coge a tus hijos y aléjate de este país. Sara se descubrió la cara en señal de aflicción. ¿A dónde voy a ir? Este hombre recomienda Italia, o el país de los otomanos.
Estamos en Granada como en un arca, hemos flotado juntos y juntos nos iremos a pique. Mañana, en el camino del exilio...".

Texto F

"Llegaron unos soldados castellanos que se apoderaron de las murallas. Un obispo hizo una cruz encima de la atalaya y los soldados aclamaron gritando tres veces "Castilla", "Castilla", "Castilla".

MAALOUF, Amin, *León el Africano*, Alianza Editorial, Madrid, 1986. Textos adaptados.

ACTIVIDAD H: LA ENTREVISTA

3.- Entrevista a tu compañero/a de equipo acerca de estas cuestiones sobre el texto.

A- ¿En qué período de la historia de España suceden estos acontecimientos?

    1.- S. XIV.   2.- S. XV.   3.- S. XVI.

B.- ¿Qué personajes históricos aparecen en las narraciones?

    1.- Un rey cristiano.   2.- Árabe.   3.- Un pueblo.

C.- ¿Quién es Sara?

    1.- Una mujer cristiana   2.- Una mujer árabe.   3.- Una mujer judía.

D.- ¿Qué noticias lleva a su amiga árabe? Sobre...

    1.- Un viaje.   2.- Un exilio.   3.- Un libro.

E.- ¿Qué culturas convivían en Granada?

F.- Para quedarse en España había que convertirse al _____.

G.- Los Reyes Católicos consiguieron _____.

ACTIVIDAD I: CARTA DEL REY DON JUAN CARLOS A LOS JUDÍOS SEFARDITAS

1.- Comenta en clase el contenido de estas palabras, dirigidas por el rey D. Juan Carlos a la población judía el 31.3.92 en la Sinagoga de Madrid, en recuerdo del V Centenario de la expulsión de los judíos.
Reproducimos un extracto que se encuentra en el museo Sefardí de Toledo.

Sefarad no es ya una nostalgia

sino un hogar...

Un verdadero lugar de encuentro

para los fenómenos venideros.

Paz para todos... Shalom.

ACTIVIDAD J: LOS GRANDES CAMBIOS. EJERCICIO ESCRITO

1.- Investiga sobre el contenido de estos textos. Elige uno para hacer la composición escrita.

TEXTO A

La sociedad española estaba dominada por el poder absoluto del *rey*. Bajo la Corona, destacaban los estamentos de la *nobleza terrateniente* y del *clero*. La *burguesía* se debilitó por la crisis del comercio y de la demografía.

TEMA: Relación entre las nuevas clases sociales.

TEXTO B

La importación masiva de metales preciosos de América provoca una crisis sin precedentes.

TEMA: ¿ Qué pasa con la economía?

TEXTO C

El *campesinado* abandona el campo arruinado y se asienta en las ciudades donde muchos caen en la *mendicidad (pícaros)* o emigran a América.

TEMA: Los pícaros y la sociedad.

2.- En la escala piramidal, ¿dónde situarías a los estamentos sociales con sus cargos sociales, políticos y económicos?

1.- Aristocracia:	a.- Poder político.
2.- Nobleza:	b.- Guerra, Gobierno.
3.- Clero:	c.- Orden social y religioso.
4.- Burguesía:	d.- Comercio, banca.
5.- Artesanos:	e.- Asalariados.
6.- Obreros:	f.- Asalariados.
7.- Campesinos:	g.- Asalariados.
8.- Sirvientes:	h.- Asalariados.
9.- Desheredados:	i.- Caridad.
10.- Mendigos:	j.- Caridad.

❹ EUROPA FRENTE A FRENTE CON AMÉRICA

SINOPSIS HISTÓRICA

1.- Al caer el Imperio Bizantino en poder de los turcos, se hizo difícil *el comercio en el Mediterráneo*. Los productos procedentes de Asía (las especias, los tejidos) alcanzaron precios muy elevados. Por ello, hubo que *buscar un camino más corto y seguro hacia las Indias*.
Había dos opciones para llegar a las Indias: una, explorar el *océano Índico*; y otra, seguir *la ruta del Atlántico* en dirección oeste.
Los portugueses consiguieron su objetivo de llegar a la India en 1497, al tomar la primera de las opciones.

2.- En España los Reyes Católicos apoyaron la propuesta del navegante genovés *Cristóbal Colón*, que era la de explorar el Atlántico. La expedición partió hacia las Indias el 3 de agosto de 1492. El 12 de octubre del mismo año desembarcó en la isla Guanahaní, próxima al continente americano. Colón creyó haber llegado a las costas de Asia.

3.- Cuando Colón regresa a España en 1494 trae nuevas expectativas, pero en América no hay especias y no se puede comerciar. El proyecto inicial de Colón y de los Reyes Católicos de crear una colonia comercial fracasa; sin embargo, la monarquía emprende el proyecto de *conquistar nuevos territorios* y asentar en ellos colonos. Así, se inician dos etapas: *la conquista* (1519-1550) y *la colonización*. Los territorios americanos fueron formalmente incorporados a la Corona castellana, y se les dotó de un órgano de gobierno propio, *el Consejo de las Indias*.

4.- Una de las causas principales que impulsó la conquista del Nuevo Mundo fue la necesidad de metales preciosos, oro y plata, que tanto escaseaban en Europa. La llegada de estos productos causó un tremendo impacto sobre la economía y finanzas europeas durante los siglos XVI y XVII. Ambos siglos estarán marcados por el poder político de la dinastía de *los Austrias*.

El primer desembarco de Colón, por Dióscoro de la Puebla.

ACTIVIDAD A: EL ENCUENTRO ENTRE DOS MUNDOS

¿Que opinas del primer contacto entre ambas civilizaciones? Lee en los textos siguientes.

> "Colón quedó deslumbrado, cuando alcanzó el atolón de San Salvador, por la colorida transparencia del Caribe, el paisaje verde, la dulzura y la limpieza del aire, los pájaros espléndidos y los mancebos de buena estatura, gente muy hermosa".
>
> "Los extranjeros traían caballos que los soportaban tan alto como los techos. Por todas partes venían envueltos sus cuerpos, solamente aparecen sus caras. Son blancas, como si fueran de cal".

GALEANO, Eduardo, *Las venas abiertas de América Latina*, Siglo veintiuno, Madrid, 1980.

ACTIVIDAD B: LECTURA Y COMPRENSIÓN DE LOS TEXTOS

Se puede dividir la clase en grupos. Cada uno de ellos ha de leer uno de los párrafos señalados.
Entre todos, reconstruid la historia del descubrimiento de América.

1.- Poned un título al párrafo que habéis leído.

2.- Resumid la idea principal de manera muy breve.

ETAPAS	TÍTULO	CARACTERÍSTICAS
1		
2		
3		
4		
5		

ACTIVIDAD C: VERDADERO O FALSO

Cada grupo, después de leer la Sinopsis, debe seleccionar la opción correcta.

1.- Colón quería llegar a las Indias surcando...

    a.- El océano Atlántico.   b.- El océano Índico.

2.- Los Reyes Católicos buscaban un camino hacía las Indias porque...

    a.- Querían descubrir América.

    b.- Las rutas comerciales del Mediterráneo estaban dominadas por los turcos.

    c.- Competían con los portugueses.

3.- Colón llega a su destino:

    a.- Las costas de Asia.   b.- América.

4- Cristóbal Colón muere sabiendo que ha descubierto un nuevo continente.

    a.- Sí.   b.- No.

5.- La monarquía española, al no encontrar un mercado de especias...

    a.- Abandona la expedición.
    b.- Conquista y coloniza nuevos territorios.
    c.- Busca la ruta a las Indias.
    d.- Consigue metales preciosos que escasean en Europa.

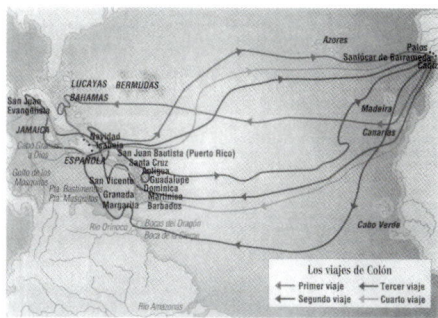

Camino hacia las Indias.

ACTIVIDAD D: LA IMAGEN Y LA PALABRA

Observa las etapas de la conquista de América. ¿Podrías relacionar cada uno de los siguientes textos con la imagen (ver páginas 36-37) que le corresponde?

1.- INICIO DE LA EXPEDICIÓN:

Colón ofreció su plan a Fernando e Isabel, monarcas de Castilla, a través de los frailes franciscanos de La Rábida (Huelva, España). Por el gran interés que los reyes tenían en el comercio marítimo, contrataron a Colón (*Capitulaciones de 1492*) para realizar su proyecto.
Para el viaje se fletaron tres embarcaciones llamadas carabelas: La Pinta, La Niña y La Santa María.

2.- LA CONQUISTA DE HISPANOAMÉRICA:

La exploración y conquista de Hispanoamérica se efectuó de 1492 a 1550, en dos fases. En la primera los conquistadores exploraron las costas del continente y se asentaron en el mar Caribe. La segunda se centró en la conquista del interior (los imperios Azteca e Inca).
Los conquistadores como Hernán Cortés no buscaban tan sólo la fama y el dinero, sino que tenían unos principios morales y de conducta propios de los hombres de su tiempo. Habían sido adiestrados para la guerra y para conquistar territorios. Además de explotar los recursos naturales, crearon ciudades semejantes a las españolas.

3.- LA COLONIZACIÓN:

Al concluir la conquista hacia 1550, comenzó un nuevo proceso: habitar, cultivar y explotar los territorios. De España llegaban soldados, funcionarios, clérigos y productos de primera necesidad para los colonos, y de América venía la producción minera. En el siglo XVII disminuye considerablemente este intercambio, lo que agravó la gran crisis económica.
Los españoles impusieron a la población indígena ciertas formas de explotación: la encomienda, la mita (en las minas) y las reducciones o misiones. La mezcla de razas (mestizos) y la importación de esclavos negros de África para sustituir la mano de obra india transformó totalmente la población de la colonia.

4.- La Evangelización:

El Nuevo Mundo ofreció a los frailes españoles la mayor oportunidad de la historia del Cristianismo para llevar a la práctica los principios de la evangelización de los infieles. Órdenes misioneras como franciscanos, dominicos, agustinos y jesuitas se distinguieron en la defensa de la dignidad y de los derechos del indígena frente a los colonizadores.

Partida de Colón desde la Rábida (Huelva).

1.- ¿Cómo eran las embarcaciones y que nombres tenían?

2.- ¿Qué personajes van en la gran barca?

❏ Soldados.
❏ Monjes.
❏ Tripulación.

3.- ¿Qué papel desempeña cada cual?

Bautizo de indígenas en tierras americanas de la mano de Fray Bartolomé de Olmedo.

4.- ¿Quienes fueron los misioneros?

4.1.- ¿Qué papel desempeñaban?

❏ Religioso.
❏ Cultural.

5.- ¿Qué lengua se enseñaba en las escuelas?

6.- ¿Quienes llegaban al Nuevo Mundo?

❏ Familias.
❏ Comerciantes.
❏ Misioneros.
❏ Artesanos.
❏ Hacendados.

Hernán Cortés entra victorioso en Tenochtitlán, por Miguel y Juan González.

6.1.- ¿Podrías investigar sobre los cargos y trabajos que realizaban cada uno de ellos?

6.2.- ¿De qué manera influyó en la economía española y europea la explotación minera?

7.- Describe físicamente al conquistador Hernán Cortés.

8.- ¿Cómo crees que era su perfil psicológico?

9.- ¿Qué tipo de ciudad marca el escenario del cuadro de la página anterior?

Retrato de Hernán Cortés en una pintura del siglo XVIII.

❏ Española.
❏ Americana.

9.1.- ¿Por qué?

10.- Comenta la diversidad cultural de los personajes.

◆ Razas.   ◆ Integración.
◆ Vestimentas.   ◆ Lenguas que hablaban.

10.1.- ¿Era difícil la comunicación entre ellos?

11.- ¿Conocían el caballo en América?

11.1.- ¿Cómo crees que vieron los indígenas a los españoles?

12.- Describe las armas y blasones de:

◆ Los españoles.
◆ Los americanos.

Pintura anónima referida al mestizaje americano.

ACTIVIDAD E: LAS CULTURAS DE LA AMÉRICA PREHISPÁNICA

Aquí tienes tres recuadros que pertenecen a tres culturas: la azteca, la maya y la inca.

1.- Completa con tus compañeros los apartados vacíos de cada sección.

MAYAS: Península de Yucatán, zona central del Petén y tierras altas de Chiapas y Guatemala.	
HISTORIA	
SOCIEDAD	Sociedad estratificada en clanes que se dividían en linajes: reyes/dioses, sacerdotes, guerreros, comerciantes, artesanos y campesinos. Al margen se situaban los esclavos.
ECONOMÍA	Se basaba en la agricultura. Comerciaban con jade, sal, plumas de quetzal, cacao, algodón, hule. Usaban como moneda el trueque de productos.
RELIGIÓN	Fue un instrumento político que permitió a las castas superiores (los reyes/dioses y los sacerdotes) dominar a los campesinos. La idea central consistía en la existencia de un orden universal que nadie ni nada podía cambiar. Existían dioses de la fertilidad, el sexo, las lluvias, el sol, el maíz...

Hernán Cortés entra en Tlaxcala, según una miniatura de Durán.

AZTECAS: Centro de México.		
HISTORIA		
SOCIEDAD	Los reyes	La clase dominante era el linaje real descendiente del primer rey mexica.
	Los señores	Nobles que poseían las tierras cultivadas por siervos.
	Los hijos	Cargos relevantes de la administración, el ejército y el sacerdocio.
	Los hijos del águila	Guerreros y mercaderes.
	Los plebeyos	Familias que cultivaban la tierra de manera comunal.
	Los braceros y esclavos	Los braceros cultivaban las tierras y podían ser comprados y vendidos como una propiedad. La esclavitud surgía por la pobreza o por condena legal.
ECONOMÍA	Agricultura	
	Comercio	
	Artesanía	
RELIGIÓN	Adorar al sol y a dioses ofreciéndoles sacrificios rituales (también humanos).	

INCAS: Se extienden desde el Pacífico hasta las selvas amazónicas, y desde Colombia a Chile.		
HISTORIA		
SOCIEDAD	El ayllu	Sociedad agrícola muy organizada. El poder lo ejercían las familias descendientes del ancestro divinizado.
ECONOMÍA	Agricultura	Cultivo de la tierra por campesinos obligados a trabajar gratuitamente para el Estado.
RELIGIÓN: Ceremonias relacionadas con los ciclos agrícolas. Sacrificios rituales, a veces humanos.	Inti	Divinidad solar.
	Pachamama	Diosa madre.
	Mamaquilla	Diosa luna.

2.- Sitúa en el mapa los asentamientos de estos pueblos.

3.- ¿Qué países pertenecientes a estas tres culturas conoces o piensas visitar?

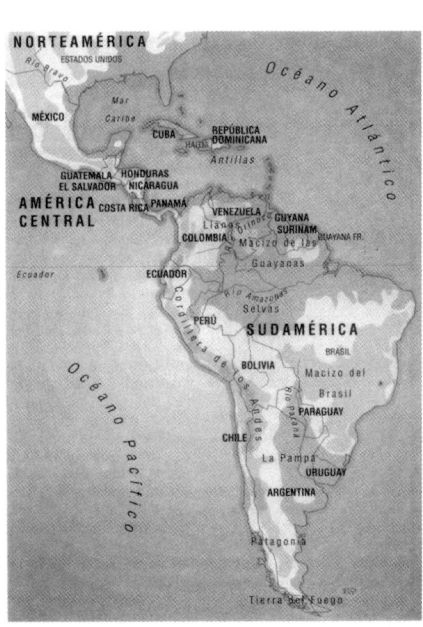

Mapa de América Central, Sudámerica y parte de América del Norte.

4.- Asocia cada letra con su número correspondiente.

a.- Era una sociedad guerrera.   1.- Mayas.
b.- Era una sociedad agrícola.   2.- Aztecas.
c.- Era una sociedad dividida entre nobles y plebeyos.   3.- Incas.

5.- ¿Qué opinas...?

a.- Sobre el concepto de religión de las tres culturas.
b.- ¿Tienen rasgos en común?
c.- ¿Qué relación encuentras entre religión y naturaleza?

6.- Observa la imagen. ¿Cómo describirías esta escena comercial?

Maqueta con figuras; reconstrucción del mercado de Tlatelolco.

ACTIVIDAD F: EJERCICIO ESCRITO Y EXPOSICIÓN: LA HISTORIA DE ESPAÑA Y AMÉRICA

Temas:

◆ Un día de compras en Tlatelolco.
◆ El misterio de las pirámides mayas.
◆ Las esculturas religiosas aztecas.

Bibliografía:

✓ Vázquez, Germán y Martínez Díaz, Nelson, *Historia de América Latina*, SGEL, Madrid, 1990.
  "La civilización maya", p-p: 43-52.
  "La civilización azteca", p-p: 53-62.

✓ Albert, Mª Ángeles y Ardanaz, Francisco, *Hispanoamérica, Ayer y Hoy*, SGEL, Madrid, 1996.
  "Historia y Arte. Período precolombino", p-p: 12-17.
  "Historia y Arte. Período colonial", p-p: 18-23.

ACTIVIDAD G: LA COLONIZACIÓN

1.- ¿Qué significa para ti la palabra colonizar?

2.- ¿Tiene un sentido positivo o negativo en nuestros días?

3.- ¿Por qué?

4.- ¿Piensas que en el siglo XXI se podrán colonizar nuevos territorios?

5.- ¿La colonización de un nuevo territorio hace quinientos años supuso lo mismo que hoy en día colonizar planetas o galaxias?

6.- Razona tu respuesta.

7.- Un nuevo mundo:

Imagina un nuevo mundo por explorar desde el planeta Tierra. Completa esta ficha del nuevo colonizador con los mismos datos del viejo colonizador.

LOS NUEVOS COLONIZADORES	
1	
2	
3	
4	
5	

ACTIVIDAD H: DEBATE Y EXPOSICIÓN

Lee las siguientes oraciones y redacta una historia relacionada con una conquista.

◆ En barcos llegaban familias enteras.
◆ Se formaron nuevas ciudades.
◆ Trabajaban hacendados, comerciantes, artesanos, misioneros.

¿Recuerdas la película *La Misión*?

a.- Los indígenas eran:
❑ Indios.
❑ Negros.
❑ Mulatos.
❑ Mestizos.

b.- Los colonizadores eran:
❑ Jesuitas.
❑ Soldados portugueses.

c.- ¿Cómo se repartían los trabajos entre blancos y negros?:
❑ Encomienda.
❑ Mita.
❑ Reducción o misión.

⑤ LA CRISIS DEL IMPERIO

SINOPSIS HISTÓRICA

Entre los siglos XVIII y XIX España se enfrenta a notables cambios políticos, sociales y económicos, que se inician con la llegada al trono del primer rey borbón.

1.- LA GUERRA DE SUCESIÓN

Al morir sin descendencia Carlos II, las potencias europeas provocan la Guerra de Sucesión para colocar en España a su candidato. Triunfa el borbón Felipe de Anjou, nieto de Luis XIV de Francia, a quien tras el tratado de Utrech (1713) se proclamó rey de España con el nombre de Felipe IV. La nueva dinastía implantó un modelo de organización del Estado más unitario y centralizado.

2.- EL DESPOTISMO ILUSTRADO: LAS REFORMAS

Carlos III (1759-1788), propugnó una nueva forma de gobernar basada en el "Despotismo Ilustrado", en un intento de transformar la sociedad, la economía y la cultura para conseguir unas estructuras de producción más modernas y libres. Las clases privilegiadas del Antiguo Régimen, la nobleza y el clero, reaccionaron contra las reformas.

3.- LA REVOLUCIÓN LIBERAL Y LA GUERRA DE LA INDEPENDENCIA

La Revolución Francesa provocó en España una corriente liberal y profrancesa (los llamados *afrancesados*). La invasión de Napoleón en 1808, dio lugar a un levantamiento popular (la Guerra de la Independencia) de tendencias por lo general conservadoras y absolutistas. Pero un grupo liberal, reunido en Cádiz en zona libre, promulgó la Constitución de 1812, que suprimía los privilegios de clase del Antiguo Régimen y la Inquisición.

4.- LA RESTAURACIÓN Y LA PÉRDIDA DE LAS COLONIAS

Los deseos liberales reformistas se vieron frustrados con la restauración de Fernando VII (1808-1833). Intelectuales y políticos liberales o meramente ilustrados tuvieron que exiliarse.

Aprovechando las guerras con Francia y al amparo de los ideales liberales, las colonias españolas en América se declararon naciones independientes. Hacia 1830, sólo Cuba y Puerto Rico, en el Caribe, y las Filipinas en el Pacífico, se mantenían bajo soberanía española.

5.- LA CRISIS DEL 98

El enfrentamiento entre liberales y conservadores o tradicionalistas, unas veces civil y otras armado (guerras carlistas) transcurrió hasta el final del siglo e impidió cualquier tipo de progreso. No hubo una verdadera reforma agraria (latifundios) y la revolución industrial apenas se asomó a algunas zonas del País Vasco y Cataluña. El declive se consumó con la pérdida de las últimas colonias en 1898, que causó una grave crisis de identidad en la que intelectuales y políticos "regeneracionistas" pusieron de actualidad el tema de "España como problema".

ACTIVIDAD A: LECTURA Y COMPRENSIÓN

El desarrollo de la historia de España durante los siglos XVIII y XIX se caracteriza por ser muy azaroso. La reacción del pueblo español ante estos sucesos pone de manifiesto su espíritu apasionado, exaltado y tan lleno de contrastes.

1.- Después de una primera lectura de la Sinopsis histórica, explica:

A.- ¿Cómo definirías el desarrollo de la historia de España durante los siglos XVIII y XIX?

❏ Apasionado.
❏ Con muchos cambios.
❏ Lineal.
❏ Con contrastes muy fuertes.

B.- ¿Qué acontecimientos reflejan mejor la forma de reaccionar del pueblo español?

◆ ....
◆ ....

2.- Proponemos dividir la clase en 5 grupos para realizar un trabajo en equipo. Cada uno de los equipos leerá un apartado de la Sinopsis y expondrá las ideas principales.

	SUBTÍTULO	CARACTERÍSTICAS
1		
2		
3		
4		
5		

ACTIVIDAD B: LA IMAGEN Y LA PALABRA

1.- Identifica estas palabras en la Sinopsis. ¿Qué significado tienen para ti?

❏ Ilustración.
❏ Reformar.
❏ Regeneracionar.
❏ Libertad.
❏ Libertar.
❏ Liberales.

❏ Liberalismo.
❏ Conservar.
❏ Conservadurismo.
❏ Conservador.
❏ Tradición.

2.- Asocia cada una de estas imágenes con la palabra que tú creas que la define:

Simón Bolívar, tras su victoria sobre las tropas españolas, es aclamado por las calles de Bogotá.

El Cristo de la sangre, por Zuloaga.

Vista general de un campo de olivos en tierras de España.

Familia de la alta sociedad de la América colonial del siglo XVIII, donde se aprecia el estilo de la época y la mezcla de culturas.

ACTIVIDAD C: DEBATE HISTÓRICO

Después de la exposición de la Sinopsis trabaja con tu compañero/a en esta actividad.

1.- Ante la invasión de Napoleón en 1808, los españoles se inclinaron por:

❏ Someterse al invasor.
❏ Luchar por el regreso de la monarquía.
❏ Reformar la sociedad.

2.- El pueblo español se caracterizaba por los contrastes ideológicos.

❏ Sí.
❏ No.

3.- ¿Qué tendencias ideológicas encuentras?

❏ Conservadoras.
❏ Liberales.
❏ Capitalistas.
❏ Feudales.

4.- La ideología liberal se caracteriza por:

❑ El inconformismo.
❑ El pensamiento libre.
❑ Las ideas tradicionales.

5.- La restauración de Fernando VII supuso:

❑ El regreso a los privilegios de la clase del Antiguo Régimen.
❑ El exilio de los ilustrados.
❑ La reforma liberal.
❑ El regreso de la Inquisición.

6.- Ser conservador o liberal, ¿significa ser de izquierdas o de derechas?

....
....
....
....
....
....

ACTIVIDAD D: UNA FIGURA ILUSTRADA

1.- ¿Quién fue Mariano José de Larra?

❑ Un político.
❑ Un escritor.
❑ Un periodista.

2.- ¿Cómo influyó la historia en su vida y en sus escritos?

3.- Lee en clase algún artículo de Mariano José de Larra:

◆ "El castellano viejo".
◆ "El casarse pronto y mal".
◆ "Vuelva usted mañana".
◆ "La sociedad".

4.- ¿Qué reformas propone el autor ilustrado?

◆ Sociales: ....
....
....

◆ Económicas: ....
....
....

◆ Culturales: ....
....
....

5.- ¿Qué ideas defiende?:

❏ Tradicionales.
❏ Liberales.

6.- Si fueras un ilustrado del siglo XXI, ¿qué reformas harías en tu país?

Mariano José de Larra fue uno de nuestros mejores prosistas del Romanticismo. Nació en Madrid en 1809, pero pasó sus primeros años en Francia (su padre fue un afrancesado exiliado, huido con los invasores napoleónicos). Su interés por la política lo movió a escribir artículos periodísticos sobre este tema y a ejercer como diputado liberal. Su ocupación fue el periodismo en folletos tales como *El duende satírico del día* y *El pobrecito hablador*, o en publicaciones como *La Revista de España*.

En sus artículos adopta un tono rebelde contra la sociedad del momento y la política conservadora.

ACTIVIDAD E: EL JUEGO DE NAIPES ESPAÑOLES

Rey de Oros.
Rey de Copas.
Rey de Espadas.
Rey de Bastos.

Valores de los palos:

❏ Oros: El poder, los triunfos.

❏ Copas: Estabilidad, protección, apertura.

❏ Espadas: Luchas.

❏ Bastos: Fracasos, pérdidas, absolutismo.

1.- ¿Conoces la baraja española?

❏ Sí.   ❏ No.

2.- El propósito del ejercicio es hacer, en grupos, un pequeño estudio sobre los acontecimientos históricos y políticos durante los siglos XVIII y XIX en España. El reinado de cada monarca marca un nuevo período histórico. Por eso, en este ejercicio vamos a apostar por los reyes. Utiliza los datos de la Sinopsis histórica y aplícalos a los valores de los palos de la baraja española.

REYES	OROS	COPAS	ESPADAS	BASTOS	REY DE...
1.- FELIPE IV	Colonias en América.	Regeneración económica y reforma administrativa.	Guerra de Secesión.	Pérdida de la hegemonía en Europa.	
2.- CARLOS III					
3.- CARLOS IV					
4.- FERNANDO VII					

ACTIVIDAD F: UN DÍA EN MADRID

"*Al rayar el día* empieza lentamente el movimiento de este pueblo numeroso. Los tahoneros, montados en sus caballos con enormes *serones*, reparten el pan por las tiendas; los ligeros *valencianos* cruzan las calles en todas direcciones pregonando refrescos; las tiendas se llenan de mozos y criados y las iglesias de ancianos piadosos y madrugadores, y los talleres de los artesanos de multitud de obreros.

A las diez... el empleado saboreando aún su chocolate, marcha a colocarse en su respectiva mesa... Los magnates de los funcionarios públicos corren hacia los Ministerios y las oficinas publicas; los estudios de los abogados quedan abiertos; el ruido de la moneda suena en el mostrador del comerciante; el martillo en el taller del artesano".

La una. ¡Hora preciosa! El hombre del pueblo se sienta a su sencilla mesa, y para todos es aquella la hora de las esperanzas. Dos horas después la población permanece en reposo; la *siesta* en los pocos meses de verano se prolonga más de una hora.

A las cinco vuelve la animación. Los paseos empiezan a poblarse de gentes; los toros, las meriendas, ofrecen diversiones a todas las clases... hasta que *la noche* se acerca; unos se retiran a sus habitaciones a sentarse a sus puertas, otros van a cafés o billares. *Las tertulias* o pequeñas reuniones de confianza ofrecen su sencilla franqueza y los teatros, liceos y casinos, el punto de reunión de la gente de buen tono.

MESONERO ROMANOS, Ramón, *Manual de Madrid*, 1843, p-p: 114-117.

1.-¿Cómo eran las costumbres de los españoles de principios del siglo XIX?

◆ Los horarios de las comidas:

● El desayuno: ● La merienda:

● La comida: ● La cena:

2.- Que significado tiene la palabra *siesta*?

3.- ¿En qué empleaban los españoles, a principios de siglo, el tiempo de ocio?
¿Qué son las *tertulias*?

4.- Crees que en el siglo XXI se siguen manteniendo estas costumbres entre los españoles?

5.- ¿Qué clases sociales aparecen en la ciudad de Madrid?

6.- Describe las actividades de las siguientes clases sociales:

◆ Obreros:

◆ Funcionarios:

◆ Profesiones liberales:

7.- Al leer el texto escrito por Mesonero Romanos, ¿crees que hace una crítica a la sociedad española, o tan sólo está haciendo una descripción de la realidad?

ACTIVIDAD G: DEBATE: DEL TALLER ARTESANO A LA FÁBRICA

Con la llegada de la revolución industrial a España, se produce un cambio en la forma de vida de los trabajadores. Este es el caso de las mujeres que dejan el taller artesano doméstico donde tejían o hilaban con telares manuales. En la fábrica, comienzan a trabajar con maquinaria industrial.

Las fábricas de tapices surgen por la necesidad de decorar palacios y mansiones que requerían una rica decoración de porcelanas, vidrio, espejos y lámparas.

Tejedora, por Panella.

Las Hilanderas, obra maestra de Diego Velázquez.

1.- Observa los cuadros titulados *Tejedora* y *Las Hilanderas*. Haz una descripción de los personajes que aparecen y los instrumentos de trabajo que utilizaban.

2.- ¿Qué produjo el cambio entre ambas formas de trabajar?

A.- ¿Qué opinas al ver a la niña trabajando en la máquina tejedora?

B.- ¿Cómo era y cómo es actualmente la situación de la mujer en el medio obrero?

C.- ¿Encontraba antes trabajo fácilmente?

D.- ¿Qué tipo de trabajo se le reservaba?

E.- ¿Era discriminada salarialmente?

F.- ¿Quién se hacía cargo de los hijos?

G.- ¿En qué aspectos ha cambiado la situación laboral de la mujer?

ACTIVIDAD H: LOS LIBERTADORES

REPASEMOS LA HISTORIA:

En el siglo XIX se crean las naciones americanas. El 16 de septiembre de 1808 se produce el inicio de la independencia de la antigua Nueva España. La independencia de México no se consiguió hasta 1821, pero se inició cuando un cura de la población de Dolores, Miguel Hidalgo, se sublevó contra el dominio de los virreyes españoles.
A partir de entonces surgen personajes míticos como Simón Bolívar, el gran libertador, que dio la independencia a Venezuela, Ecuador, Colombia y Bolivia.
José San Martín, un general criollo, liberó Chile y Lima. Los limeños le llamaron Protector.

1.- ¿Qué significado tiene para ti la palabra libertador?

2.- ¿Cómo definirías a un libertador?

3.- ¿Quién fue Simón Bolivar?

4.- Sitúa en el mapa las antiguas colonias españolas.

5.- En la época colonial la ciudad de México era llamada:

❑ Nuevo México.
❑ Distrito Federal.
❑ Latina.

6.- ¿Cuándo se independizó México de España?

❑ En 1821.
❑ En 1892.
❑ En 1714.

7.- Las colonias españolas estaban gobernadas directamente por...

❑ El rey.
❑ El presidente del gobierno.
❑ Los virreyes.

ACTIVIDAD I: EL 98

1.- ¿Qué significado tiene en la historia de España este número?

❑ Crisis.   ❑ Desarrollo.   ❑ Guerra.

2.- ¿Qué países obtuvieron su independencia en esta fecha?

❑ Colombia.
❑ Puerto Rico.
❑ Cuba.

3.- Consulta el tema de Literatura referente a la generación del 98. ¿De qué manera influyeron estos acontecimientos históricos en el pensamiento de los intelectuales españoles?
Pon algún ejemplo sobre:

◆ El tema de España.
◆ Crítica de la sociedad.
◆ El atraso económico de España.

❻ ESPAÑA Y SU INTEGRACIÓN EN EUROPA

SINOPSIS HISTÓRICA

1.- LA CRISIS DE LA MONARQUÍA

Desde principios de siglo, la sociedad española se vio sacudida por graves síntomas de crisis: la Semana Trágica de Barcelona de 1914, la huelga general de 1917, el desastre de Annual (1921), nueva derrota del Ejército español en Marruecos. De 1923 a 1929, la Dictadura del general Primo de Rivera puso fin a la guerra de Marruecos y al desempleo (con una política de inversiones públicas). Pero su autoritarismo y la crisis económica mundial de 1929, hizo fracasar su proyecto y con él la monarquía se hundió.

2.- LA REPÚBLICA (1931-1939)

En 1931 el rey Alfonso XIII abandona España y se proclama la *República*. Se promulga una nueva *Constitución* que reconocía la soberanía popular, la separación de los poderes, las autonomías regionales y la posibilidad de socialización por utilidad pública; garantizaba los derechos individuales y definía a España como una "*República de trabajadores*". Los gobiernos republicanos tuvieron enfrente la oposición de conservadores, monárquicos, la Iglesia católica, el Ejército y hasta de las milicias fascistas de la Falange. Por otro lado, grupos radicales anarquistas y socialistas también provocaron desórdenes (huelgas, quema de iglesias).

3.- LA GUERRA CIVIL

Una conspiración militar aprovechó la inestabilidad reinante para alzarse en armas el 18 de julio de 1936. Como el levantamiento no triunfó en todo el territorio, comenzó una larga Guerra Civil que duró tres años y causó centenares de miles de muertos, unos en el campo de batalla, otros en las cárceles. Relegando a un segundo plano a sus compañeros de armas, el general Franco se hizo con el poder militar y político y se convirtió en nuevo Jefe de Estado.

4.- EL RÉGIMEN DEL GENERAL FRANCO

1939: El 1 de abril termina la Guerra Civil con el triunfo de Franco, que instaura una *dictadura* personal y vitalicia, y desencadena una represión feroz contra los vencidos y sus afines (sindicatos, partidos de izquierda, intelectuales). El *exilio* republicano se desplegó por Europa y América.

1946: LA ONU rechaza el régimen franquista, pero con la Guerra Fría (1950) las potencias aliadas (USA, Gran Bretaña y Francia) prefieren cubrirse las espaldas aceptando a Franco, dictador, pero anticomunista.

1947-75: Franco restablece la forma *monárquica* del Estado y designa al futuro rey, para que le suceda a su muerte.

5.- La democracia

1977: Primeras Cortes democráticas.

1978: Promulgación de la Constitución.

1986: España ingresa en la Comunidad Económica Europea.

1992: V Centenario del Descubrimiento de América; Juegos Olímpicos de Barcelona.

1995-2000: Despliegue económico. Nuevas tecnologías en comunicaciones.

ACTIVIDAD A: La imagen y la palabra

◆ Identifica cada una de estas imágenes con un apartado de la Sinopsis:

❑ La República.

❑ La Guerra Civil.

❑ La democracia.

❑ La Comunidad Económica Europea.

❑ La integración con el resto de Europa.

Soldados marroquíes en la guerra con Marruecos.

Cartel de la República.

Escena de guerra, por Sáez de Tejada.

Don Juan Carlos jura su cargo como rey.

Javier Solana, figura clave en la política democrática española.

El AVE, tren de alta velocidad, que representa la modernidad en los medios de transporte ferroviarios.

ACTIVIDAD B: Repaso a la historia

1.- La crisis de la monarquía del rey Alfonso XIII fue causada por:

❑ Motines, huelgas de trabajadores.

❑ La guerra sin fin con Marruecos.

❑ La guerra europea (1914-1918).

2.- Con el exilio del rey Alfonso XIII se abre la República que se caracteriza por:

❑ La Constitución.
❑ La lucha de clases.
❑ El tradicionalismo y la religiosidad.

3.- En 1939 España estaba dividida en estos grupos. ¿Puedes definirlos?

◆ Monárquicos: ◆ El Ejército:
◆ Anarquistas: ◆ Milicias fascistas:
◆ Republicanos: ◆ Falangistas:
◆ Conservadores: ◆ Socialistas:
◆ La Iglesia católica:

4.- Cuando estalló la Guerra Civil española, ¿qué grupos se enfrentaron en ella?

5.- Para comprender mejor los horrores de la guerra, consulta el tema 6 de Arte y analiza *El Guernica* de Picasso.

6.- ¿Qué dos palabras utilizarías para definir una dictadura?

7.- ¿Con qué símbolos representarías la democracia?

ACTIVIDAD C: TURISMO HISTÓRICO EN ESPAÑA

Si visitas algún día España ¿qué monumentos históricos te gustaría conocer, qué obras de arte, qué pueblos o ciudades?

A.- CIUDADES HISTÓRICAS

Infórmate sobre la historia que guardan de estos monumentos.

¿Cómo describirías a los turistas los acontecimientos históricos más importantes relacionados con ellos?

◆ La Guerra Civil.
◆ La muerte de un rey.
◆ La muerte de un dictador.

Vista parcial de El Escorial.

El Alcázar de Toledo.

Panorámica del Valle de los Caídos.

B.- Ciudades turísticas

Parador nacional de la población española de Alarcón.

Panorámica de una ciudad del litoral español.

¿Cómo es un parador?

¿Cómo es una ciudad turística en España?

¿Sabes cuándo comenzó el turismo en España?

Mientras España permanece cerrada, en el resto de Europa se está produciendo la gran revolución social de posguerra.
El desarrollo económico llega a España, pero sin modificarse el sistema político de la dictadura.
Los europeos del norte descubren el sol mediterráneo y los bajos precios de España. Las playas de Levante, Andalucía y las islas se llenan de turistas.

Hoy en día, además de estas zonas costeras, podemos disfrutar de castillos, palacios o casas señoriales que fueron restaurados durante los años 60-70 y que se han transformado en grandes hoteles de lujo. Destacan los paradores nacionales de Ciudad Rodrigo (castillo del siglo XIV), Salamanca, Alcañiz (castillo-convento del siglo XIII) y Jaén (la fortaleza árabe del siglo XIII).

Actividad D: El largo camino hacia la apertura y la libertad

"España y su integración en Europa" es el título de esta unidad. Los cinco fragmentos que has leído en la Sinopsis son un largo recorrido a lo largo del siglo XX para llegar a un período histórico de apertura e integración en Europa. Analiza los continuos cambios de apertura y aislamiento que sufrió España. Para ello, utiliza los siguientes cuadros.

A	APERTURA	CARACTERÍSTICAS
	La Constitución.	

B	CIERRE	CARACTERÍSTICAS
	La dictadura.	

D.1 Enlaces históricos

1.- ¿Cómo analizarías los distintos períodos de la historia de España teniendo en cuenta sus continuos cambios de apertura y aislamiento?

		ASPECTOS DE APERTURA	ASPECTOS DE CIERRE
UNIDAD II	La invasión árabe y la reconquista.		
UNIDAD III	La monarquía absolutista.		
UNIDAD IV	El descubrimiento de América.		
UNIDAD V	La revolución liberal y la Guerra de la Independencia.		
UNIDAD VI	El franquismo y la democracia.		

ACTIVIDAD E: EL DEBATE: ¿ERAN LAS MUJERES INDEPENDIENTES?

Lee estos textos que se refieren al comportamiento de la mujer en la sociedad durante la época de la dictadura (época de cierre) en España y formad grupos para comentarlos.

TEXTO A

"Formada la mujer de una parte del varón, corresponde a éste la supremacía del derecho y la fuerza de su autoridad... la una ha sido hecha para amar, el otro ha sido hecho para el mando".
Para que la mujer sea feliz en el matrimonio:

● No lleves la contraria a tu marido.

● Procura no estar siempre pidiendo más dinero. Arréglate con lo que él te dé.

● El modo de llegar al corazón de tu marido puede ser complaciendo su estómago.

● Déjale a tu marido la última palabra. Nunca pretendas quedar tú encima.

● Lee en el periódico los temas de los que a tu marido le guste hablar contigo.

● Da a entender a tu marido que reconoces que sabe más que tú.

TEXTO B

"La mujer debía ir convenientemente vestida, es decir con mangas largas o al codo, sin escotes, con faldas holgadas... tenían que evitarse los vestidos ceñidos que dibujasen llamativamente la forma y detalles del cuerpo... La ropa no podía ser corta —el tamaño idóneo se establecía a media pierna— ni tampoco se debía transparentar. Cuando se trataba de mujeres jóvenes, éstas no debían salir solas a los espectáculos o ir acompañadas por personas del sexo opuesto".

TEXTO C

"Trata a tu novio íntimamente. Pero en este trato íntimo y con confianza, no has de permitir en tu novio ciertas "confianzas" ni "intimidades". Por eso debes tener mucha cautela en tus manifestaciones de amor. Para que las caricias sean ciertamente inofensivas, conténtate con que sean breves, delicadas y tan sólo *del cuello para arriba, y del codo para abajo*".

LORING, Jorge S.I.: *Para Salvarte (ellas)*, Sal Terrae, Santander, 1965. Textos adaptados.

Identifica cada texto con uno de estos temas:

❑ El machismo.
❑ El matrimonio.
❑ La mujer soltera.
❑ Las costumbres sociales de la mujer reprimida.
❑ La cultura.

Cada grupo puede elegir uno de los temas y desarrollarlo aportando su punto de vista y críticas.

¿Cómo reescribirías los textos anteriores en una época de democracia (apertura) como la que vive actualmente España?

ACTIVIDAD F: EL REY JUAN CARLOS I Y LAS MONARQUÍAS REINANTES

El rey D. Juan Carlos, la reina Dª Sofía y el príncipe Felipe, en una sesión del Congreso de los Diputados.

A.- Observa esta fotografía antes de realizar los ejercicios.

1.- Describe a la familia real española.

2.- ¿Podrías hacer un estudio sobre la dinastía de los borbones?

a.- ¿Quién fue el abuelo del rey Juan Carlos?

3.- Existe la monarquía en tu país. Si es así, ¿cómo describirías a la familia real?

4.- ¿Qué otros personajes reales conoces en Europa?

❑ Isabel I.
❑ El príncipe Carlos.
❑ La reina Beatriz.
❑ La reina Margarita.

ACTIVIDAD G: EL REY Y LA DEMOCRACIA

B.- El punto 5 de la Sinopsis te podrá ayudar a resolver este ejercicio:

Relaciona cada una de las preguntas con sus respuestas:

1.- ¿Cuándo se volvió a instaurar la monarquía en España?

2.- ¿Qué papel desempeñó el rey en los cambios políticos?

a.- Con la llegada al trono del rey Juan Carlos se abre una nueva etapa: la democracia.

b.- Después de la muerte de Franco en 1975.

C.- El primer discurso que ofreció Juan Carlos I en 1975 a todos los españoles es muy emotivo, puesto que con él comienzan a abrirse las puertas de España al exterior y el corazón de todos los españoles hacia una convivencia en democracia.

PRIMER MENSAJE DE JUAN CARLOS I
(22-11-75)

"Soy plenamente consciente de que un gran pueblo como el nuestro, en pleno período de desarrollo cultural, de cambio generacional y de crecimiento material pide perfeccionamientos profundos. Escuchar, canalizar y estimular estas demandas es para mí un deber que acepto con decisión.

La patria es una empresa colectiva que a todos compete. Su fortaleza y su grandeza deben apoyarse por ello en la voluntad manifiesta de cuantos nos integramos.

Pero las naciones más grandes y prósperas, donde el orden, la libertad y la justicia han resplandecido mejor, son aquellas que más profundamente han sabido respetar su propia historia. La justicia es el supuesto para la libertad con dignidad, con prosperidad y con grandeza... Un orden justo, igual para todos, permite reconocer dentro de la unidad del Reino y del Estado las peculiaridades regionales, como expresión de la diversidad de pueblos que constituyen la sagrada realidad de España. El Rey quiere serlo de todos a un tiempo y de cada uno en su cultura, en su historia y en su tradición".

1.- ¿Qué palabras de las que aparecen en el texto, pronunciadas por D. Juan Carlos, te parecen más significativas y con más fuerza expresiva en esos momentos de profundo cambio: de la dictadura hacia la democracia?

2.- ¿Por qué piensas que la instauración de la democracia en España ha supuesto un modelo para otras naciones?

3.- ¿Conoces otras dictaduras que hayan pasado a ser democracias?

4.- Si tuvieras la oportunidad de hacerle una entrevista al rey de España, ¿qué preguntas le harías?

◆ Sus aficiones.
◆ Su familia.
◆ La política: el futuro.
◆ Sobre el pueblo español.

ACTIVIDAD H: ESPAÑA INGRESA EN LA COMUNIDAD ECONÓMICA EUROPEA

El proceso de integración de España en la Comunidad Europea se produce el 1 de enero de 1986. Supone el fin a un proceso de aislamiento con respecto a Europa y que proporciona a la política exterior nacional una nueva dimensión de integración y colaboración con la Comunidad Europea.

1.- ¿Cómo ves la integración de España en la Comunidad Económica Europea?

2.- Analiza los siguientes apartados.

    a.- ¿España ha crecido y ha mejorado?

    b.- ¿Cómo definirías la política exterior española en la actualidad?

    c.- ¿En qué aspectos ha contribuido España positivamente al integrarse en la Comunidad Europea?

    d.- Si perteneces a un país europeo, ¿qué conoces de España?

        ❏ Alianza Atlántica.

        ❏ Modernización de la fuerzas armadas. Intensificación de las relaciones bilaterales con los países europeos.

        ❏ Proyección de España en Iberoamérica. La política mediterránea española cultiva las buenas relaciones con las naciones árabes.

        ❏ Nuevo Plan Nacional de Carreteras: dota a las vías españolas de la calidad y seguridad europeas.

        ❏ Red de ferrocarriles en plena modernización: el Ave.

        ❏ Nueva política de viviendas: viviendas de protección oficial.

        ❏ Política de urbanismo.

        ❏ Cambio en los ámbitos alimentarios: la apertura al exterior ha propiciado el aumento de los intercambios de productos agroalimentarios.

        ❏ Servicios para el turismo proyectados al resto de los países europeos.

Arte

❶ EL ARTE VISIGODO Y EL ROMÁNICO

SINOPSIS HISTÓRICA

A principios del siglo V d.C. pueblos germanos procedentes del norte y del este de Europa (visigodos, vándalos, suevos) penetran en la Península Ibérica y someten a la población hispanorromana. Se inicia así la Edad Media, que abrirá nuevos horizontes en el arte y en la cultura.

El arte visigodo sigue la tradición romana del Bajo Imperio, pero incorpora influencias germánicas y orientales. Tras la invasión musulmana del año 711, el arte visigodo sobrevive en los reinos cristianos del norte de la Península, evolucionando de manera autónoma durante más de tres siglos hasta la eclosión del arte románico, de inspiración europea. Este largo período de transición se denomina prerrománico, e incluye variantes como el arte asturiano y el mozárabe.

El arte románico se suele datar desde los principios del siglo XI hasta el 1200. Entra en España con la reforma monástica procedente de Cluny (Francia).

EL ROMÁNICO PASA POR TRES ETAPAS:

A) Primer Románico, hasta el tercer cuarto del siglo XI: Santa María de Ripoll.

B) Románico Pleno, hasta mediados del siglo XII: Silos, Santiago de Compostela.

C) Tardorrománico, hasta el primer cuarto del siglo XIII: Santo Domingo de Soria.

ACTIVIDAD A: LA ETIMOLOGÍA DEL ROMÁNICO

¿Sabes de dónde viene el término románico?

❏ Derivado de "romano" (arte).
❏ Del término romance.

El románico es un arte:

❏ Espiritual.
❏ Cortesano.
❏ Urbano/rural.
❏ Pre-colombino.
❏ Europeo.
❏ Didáctico.

San Clemente de Tahull (Lérida).

A.1 Ejercicio escrito y exposición: La historia y el arte

Se formarán grupos en la clase para hacer un pequeño estudio sobre estos temas:

◆ La concepción del mundo en el medievo.
◆ La religión.
◆ La sociedad.
◆ La cultura en la Edad Media.

Se puede consultar la siguiente bibliografía:

✓ Espino Nuño, Jesús y Morán Turina, Miguel: *Historia del Arte español*, SGEL, p-p: 49-68.

Actividad B: Si las piedras hablasen...

¿Crees que podrías leer en las piedras y descubrir el pasado?

Los símbolos... son los mensajes plásticos

Para el hombre y la mujer modernos es difícil entender el sentido de las imágenes románicas, pues evidentemente nos faltan datos. La observación de los símbolos ayuda a comprender estas imágenes.

1.- ¿Crees que era fácil para el hombre medieval leer estos signos?

2.- ¿Dónde crees que descubrirían su significado? En:

❑ Los sermones de la iglesia.   ❑ El trabajo.
❑ Los talleres de aprendizaje.   ❑ Letreros explicativos.

3.- ¿Influiría más un sermón en la iglesia o un símbolo bien interpretado?

Razona tu respuesta, después de analizar los símbolos que aquí te mostramos:

Detalle de la fachada occidental de la iglesia de Santa Fe de Conques (Francia).

■ Cabeza de monstruo

"La cabeza de monstruo expresa la acción de devorar, el demonio de las tinieblas, el tiempo destructor, y simboliza también el principio y la transformación de las cosas creadas por Dios".

Detalle de la Portada de Platerías. Catedral de Santiago de Compostela.

■ LA CALAVERA

"Emblema de la caducidad de la existencia. Pero también, como la concha del caracol, expresa lo que resta del ser vivo una vez destruido el cuerpo. Significa, al mismo tiempo, el contraste entre el goce vital y el vacío de la muerte".

■ EL CORDERO

Cordero apocalíptico en San Isidoro de León. En el tímpano está representado el sacrificio de Isaac.

"Pureza, inocencia, mansedumbre, sacrificio inmerecido, hombre justo, el Cordero de Dios. También se le relaciona con el león, por inversión simbólica. Aparece expresado en símbolos cristianos procedentes del Antiguo Testamento, especialmente en el arte románico. El Agnus Dei en el interior de un círculo representa la totalidad, la perfección: "Yo soy la muerte de la muerte. Me llaman cordero y soy un león fuerte". Es, por lo tanto, un símbolo de la renovación del mundo y de vida.
El Apocalipsis representa acontecimientos que señalan el fin del mundo; en este contexto el cordero simboliza a Jesús como víctima del sacrificio; el libro, la ley y la espada, la fuerza de la palabra divina y del espíritu".

■ LOS ÁNGELES

Portada de Santa María de Covet.

"Símbolo de lo invisible, de las fuerzas trascendentes. En el arte románico, el ángel es un ser supraterrenal. En el gótico, por el contrario, el ángel expresa el aspecto protector".

Tímpano de la Catedral de Jaca.

■ EL LEÓN

"El león pertenece al elemento tierra y el león alado al elemento fuego. Ambos simbolizan la lucha continua, la luz solar, la mañana, la dignidad real y la victoria.

El león, como "rey de los animales", es el oponente terrestre del águila en el cielo, y simboliza la posesión de la fuerza y el principio masculino".

Pila bautismal de la colegiata de San Isidoro de León.

■ LA CRUZ

"Preside todas las obras promovidas por los reyes. Por ello, su significado no es solamente religioso, sino que simboliza protección y emblema de la monarquía, que se creía defendida por Dios y defensora de su iglesia. Es también el signo que protege al piadoso y vence al enemigo".

Representación de Jesucristo crucificado.

■ EL CRISMÓN

"Es el emblema que simboliza a Cristo".

Miniatura del *Beato de Liébana*.

■ LA VEGETACIÓN

"La vegetación representa el ciclo natural de la vida aplicado a los ritmos de la naturaleza: otoño, invierno, primavera, verano; es decir, transmite la sensación de vida, de muerte y de resurrección del hombre y de su religiosidad.
Es también símbolo de fertilidad y fecundidad".

Textos adaptados: CIRLOT, Juan Eduardo: *Diccionario de Símbolos*, Labor, S.A., Barcelona, 1991.

Descubre en las imágenes los símbolos y sus significados:

◆ La calavera.
◆ El león.
◆ El crismón.
◆ El cordero.
◆ El ángel.
◆ La cabeza de monstruo.
◆ La cruz.
◆ La vegetación.

¡CUIDADO! Algunos símbolos pueden tener más de un significado. Si es posible, escribe todos aquellos que veas y, luego elige el que corresponda a la imagen que vas a comentar.

FIGURA	SÍMBOLOS	SÍMBOLO PRINCIPAL	MENSAJE CENTRAL
A			
B	Calavera. Ángel. Cabeza de monstruo.	Calavera.	Goce de la vida y vacío de la muerte.
C			
D			
E			
F			
G			
H			

ACTIVIDAD C: LA ENTREVISTA

Entrevista a algunos compañeros y toma nota de sus deducciones:

Para _____ el símbolo de la calavera significa _____.

Yo estoy de acuerdo con _____ porque _____.

Para _____ la imagen B _____ representa _____.

Yo estoy/no estoy de acuerdo con _____ porque _____.

ACTIVIDAD D: EL ARTE Y LAS IMÁGENES

Teniendo en cuenta el ejercicio A y al observar esta fotografía, a qué deducciones llegas:

La iglesia románica no es más que una obra arquitectónica.	V	F
La iglesia románica es tan sólo un lugar para adorar a Dios y celebrar sus sacramentos.	V	F
El templo representa un lugar ideal para culturizar al pueblo.	V	F
El románico es un arte que pretende moralizar.	V	F
La arquitectura y la escultura están unidas en el románico.	V	F

Los apóstoles Pedro, Pablo, Santiago el Menor y Juan representados en el *Pórtico de la Gloria* de la Catedral de Santiago.

ACTIVIDAD E: OPINIÓN

Después de la experiencia de leer en las piedras, podrías decir qué sensaciones te transmite este tipo de arte:

- ❑ Miedo, claustrofobia.
- ❑ Espiritualidad.
- ❑ Amor a la vida.
- ❑ Temor a la muerte.
- ❑ Oscuridad.
- ❑ Luz.
- ❑ Horizontalidad.
- ❑ Ascensión.

Los símbolos han tenido siempre un valor importante en todas las civilizaciones.

1.- ¿Qué simbología encuentras hoy en día en tu cultura que te transmita sentimientos o sensaciones similares a los del románico?

....
....
....
....

Hoy, todos podemos disfrutar de un mismo lenguaje para comunicarnos. Por lo tanto, ya no es necesario utilizar solamente la arquitectura o la escultura como medios de transmisión de ideas, sino que han aparecido otros canales.

2.- ¿Podrías clasificar la siguiente lista de medios entre los más o menos frecuentes?

- ❑ Información en las iglesias.
- ❑ Televisión.
- ❑ Publicidad.
- ❑ Prensa escrita.
- ❑ Radio.
- ❑ Arte: escultura, pintura, arquitectura, moda.

Para mí es más frecuente ....
....
....
....

Para mí es menos frecuente ....
....
....
....

3.- ¿Qué mensajes te transmiten?

4.- ¿Existe un factor didáctico, cultural, en la simbología del siglo XX-XXI?

ACTIVIDAD F: ¿QUÉ SUGIEREN ESTOS TEXTOS?

Después de leer detenidamente el contenido de estos párrafos, fíjate en las palabras señaladas en cursiva. ¿Qué te sugieren?

Podéis trabajar en grupos.

"En el *fin del milenio* surge un nuevo concepto de lo que será la nueva espiritualidad cristiana: triunfo de la Iglesia y una *fe* exagerada de los fieles".

❏ El fin del milenio.
❏ Situación histórica y social del momento.
❏ Temor a la muerte.
❏ Refugio de los fieles en la fe.

....
....
....
....

"Las obras de *arte* tienen pleno derecho a existir, pues su fin no era ser adoradas por los *fieles*, sino enseñar a los ignorantes. Lo que los doctos puedan leer con su inteligencia en los *libros*, lo ven los ignorantes con sus ojos en los *cuadros*".

❏ El arte.
❏ Los fieles.
❏ La enseñanza.

....
....
....
....

"A principios del siglo XI se difunde el primer románico. Uno de los grandes protagonistas de esta arquitectura fue el cluniacense Guillermo de Valpiano.
Las *abadías* por él reformadas serán verdaderos centros de *cultura* y de *auge económico*, lo que hizo posible la construcción de suntuosos edificios".

❏ La orden de Cluny.
❏ La cultura.
❏ La economía.
❏ La vida monástica.

....
....
....
....

"La etapa del románico pleno se caracteriza por la semejanza que adquieren las construcciones en la Europa cristiana. En parte se debe a los *caminos*, rutas que sirven de vínculo de unión entre países. Por ellos viajan *peregrinos* e inmigrantes, a través de los cuales se producen intercambios de ideas y culturas".

❏ Los peregrinos.　　❏ Las vías de comunicación entre pueblos y naciones.
❏ El camino de Santiago.

....

....

Bango, Isidro: *Alta Edad Media. De la Tradición Hispanogoda al Románico*, Sílex, 1989.

Actividad G: Las grandes construcciones medievales

Estudia las definiciones que te damos sobre el arte románico y elige en las fotografías el objeto de la descripción. Para ello, relaciona cada uno de estos términos con la descripción que le corresponde. Sugerimos que se formen grupos de cuatro alumnos para la realización de esta actividad.

1.- El claustro.

2.- La planta.

3.- El presbiterio.

4.- Los capiteles.

5.- La girola.

6.- La ventana.

7.- El arco ciego.

8.- Planta cruciforme.

9.- El pilar.

10.- El sillar.

11.- El tímpano.

12.- Las arquivoltas.

13.- Arco de medio punto.

14.- El arco de herradura.

15.- El crucero.

16.- El alero.

17.- La portada.

18.- Bóveda de crucería.

19.- El ábside.

20.- Los canecillos.

21.- El contrafuerte.

22.- El cimborrio.

23.- Planta basilical.

24.- Aparejo.

25.- Bóveda.

26.- Ménsula.

a.- Patio rodeado por *galerías* de arcos situado dentro del edificio de un monasterio o de una catedral.

b.- Soporte más grueso que la columna. Su forma es cuadrada o poligonal.

c.- Piedra grande y bien trabajada de forma rectangular.

d.- Se sitúa entre las arquivoltas y el dintel de una portada.

e.- Moldura decorativa sobresaliente del muro para sostener algo.

f.- Estructura arqueada de sujeción entre los muros y los pilares.

g.- Arco semicircular.

h.- Arco en forma de herradura como la que calzan los animales.

i.- Espacio en el que se cruzan en un templo dos naves perpendiculares, siendo una de ellas la nave principal.

j.- Parte del templo abovedada donde se sitúan el altar mayor y el presbiterio.

k.- Parte del tejado que sobresale del muro.

San Miguel de Celanova (Orense).

Detalle del exterior de la Catedral de Jaca (Huesca).

Catedral de Jaca (interior).

l.- Conjunto de arcos que forman una portada.

ll.- La formada por los nervios que se cruzan en el centro.

m.- Puerta ornamentada.

n.- Parte de una iglesia situada en la cabecera de las naves y ocupada por los altares.

ñ.- Adorno de los salientes de una cornisa o tejado.

o.- Sirve de refuerzo exterior del muro.

p.- Construcción elevada sobre el crucero, que habitualmente tiene forma de torre de planta cuadrada u octogonal.

San Miguel de Lillo (Asturias).

q.- Dibujo arquitectónico de un edificio y sus elementos.

r.- Parte superior de una columna.

s.- Nave que rodea el ábside en las iglesias románicas y góticas.

t.- Arco que no tiene luz, que sólo sirve de relleno.

San Martín de Frómista (Palencia).

u.- En forma de cruz.

v.- Modo en que aparecen colocados las piedras o ladrillos de una construcción.

w.- Iglesia cristiana que se desarrolla longitudinalmente, en contraposición a las de planta central.

y.- Hueco o *vano* situado en el muro cuya finalidad es dar luz y ventilación.

Claustro de Santo Domingo de Silos (Burgos).

SOLUCIÓN ACTIVIDAD G

a-	1	m-	17
b-	9	n-	3
c-	10	ñ-	20
d-	11	o-	21
e-	26	p-	22
f-	25	q-	2
g-	13	r-	4
h-	14	s-	5
i-	15	t-	7
j-	19	u-	8
k-	16	v-	24
l-	12	w-	23
ll-	18	y-	6

❷ LAS GRANDES CATEDRALES GÓTICAS

SINOPSIS HISTÓRICA

El gótico surge en el norte de París, donde existen grandes canteras de roca calcárea muy resistente y fácil de trabajar.
La gran pasión por esculpir la piedra y construir grandes edificios llamados catedrales será el origen de este estilo, que tiene su primera manifestación en las catedrales de París y de Chartres.

El gótico se introduce en España desde Francia a partir de la segunda mitad del siglo XII, por intermedio de los monjes cistercienses.
Las construcciones más representativas son los monasterios de Santes Creus (Tarragona) y las Huelgas (Burgos). Las catedrales de Ávila (siglo XII), Burgos, Toledo y León (siglo XIII) y las de Barcelona, Gerona y Palma de Mallorca (siglo XIV).

La renovación se extendió de la misma manera a todas las artes, como la escultura, la pintura y la miniatura, imponiendo en todas ellas el gusto por el espacio, la línea y el realismo figurativo.

ACTIVIDAD A: INVESTIGACIÓN

1.- Busca imágenes de las catedrales que aparecen mencionadas en la Sinopsis.

2.- ¿Dónde se origino este estilo?

3.- ¿Qué importancia tenían las canteras en el arte?

ACTIVIDAD B: ¿QUÉ OPINAS?

Virgen románica de Hospitalet.

¿Piensas que el gótico es tan sólo una forma de hacer, o bien es una nueva manifestación de la evolución del pensamiento humano?

❏ Es un nuevo estilo artístico.
❏ Es una nueva forma de pensamiento.

Para ayudarte a llegar a una conclusión, más vale una imagen que cien palabras. Así que te mostramos dos imágenes, en las que podrás constatar la evolución del románico al gótico.

2

1.- Al observar los gestos de los rostros, los pliegues de la ropa y los movimientos, ¿qué impresión te transmiten?

....

....

2.- El artista intenta imitar a la naturaleza fielmente porque...

....

....

3.- ¿Qué es el naturalismo?

4.- ¿Cuándo aparece esta tendencia?

5.- ¿Por qué puede desarrollarse?

EL NATURALISMO

"El naturalismo es la búsqueda del aspecto natural. Hasta el momento hemos visto cómo lo que caracterizaba a una figura eran sus rasgos esenciales, no importaba su actitud o personalidad. En este período hay una preocupación por investigar la figura humana y representarla de la manera más natural posible. Las figuras pierden su carácter hierático y su frialdad distante y comienzan a librarse del sometimiento absoluto al marco arquitectónico. Se aproximan así a la realidad humana.

Esta necesidad de investigar plásticamente al hombre y aproximar las imágenes a una medida humana, es una consecuencia del proceso político, social y religioso de la época, que dará origen a la plástica gótica".

BANGO, Isidro: *Alta Edad Media. De la Tradición Hispanogoda al Románico,* Sílex, 1989.

Virgen con el Niño. Proveniente del Retablo de San Francisco de Cuéllar (Segovia).

Observa la imagen:

1.- ¿Qué características puedes aplicarle?

    a.- Voluminosidad.
    b.- Frontalidad.
    c.- Inexpresividad.
    d.- Frialdad y distanciamiento.

2.- ¿Por qué se hace este tipo de arte?

    ❑ Falta de sentimientos por parte del artista.
    ❑ Falta de técnica y de recursos artísticos.

ACTIVIDAD C: TRABAJO EN EQUIPOS

Después de contrastar las dos imágenes, tal vez podrías llegar a una conclusión sobre este nuevo estilo.

Para el equipo _____ es un estilo:

    ❑ Hierático.
    ❑ Intelectual.
    ❑ Realista.

Creemos que...

    ❑ El románico y el gótico son estilos contrapuestos, puesto que ....
    ....

    ❑ El gótico es resultado de una evolución del románico, puesto que ....
    ....

    Otros comentarios: ....
    ....
    ....
    ....

Ahora podemos distinguir entre el románico ® o gótico (g):

Es un arte:

    ❑ Urbano.
    ❑ Rural.
    ❑ Comunicativo.
    ❑ Simbólico.
    ❑ Religioso.
    ❑ Espiritual.

ACTIVIDAD D: EL HOMBRE COMIENZA A SER EL PROTAGONISTA

Mediante el análisis rápido de estos textos, tal vez puedas ir llegando a algunas conclusiones sobre el tránsito o los cambios entre el período románico y el gótico.

RELIGIÓN

"La fe empieza a entenderse como amor a Dios, al que se ve al mismo tiempo como figura divina y como hombre, representado como Dios Padre".

SOCIEDAD

"Las imágenes religiosas van dando lugar a otras laicas y profanas. De este modo, observamos cómo aparecen en las portadas de las catedrales nuevas figuras que representan los distintos oficios, los gremios de artesanos, comerciantes. La pequeña burguesía naciente deja así su huella en la piedra, como demostración de su importante papel en la sociedad".

◆ Burguesía.
◆ Arte.
◆ Mecenazgo.
◆ Gremios.

CULTURA

"El mensaje que se transmite ya no es tan dogmático y se acerca más a lo humano, pero aún sigue siendo moralizador".

BANGO, Isidro: *Alta Edad Media. De la Tradición Hispanogoda al Románico*, Sílex. Texto adaptado.

Por otro lado, podemos apreciar en las figuras gestos, expresión de alegría y un gran dramatismo. Todo ello hace que el espectador participe mediante la observación de una obra de arte, la cual hace las funciones de un teatro con personajes esculpidos en piedra.

◆ Dramatismo.
◆ Comunicación.
◆ Teatralidad.
◆ Moralización.
◆ Humanidad.

ACTIVIDAD E: EJERCICIO ESCRITO Y EXPOSICIÓN: LA HISTORIA Y EL ARTE

Los grandes cambios sociales, culturales, religiosos y, por lo tanto, artísticos y fundamentalmente técnicos no se producen de un modo brusco, sino de forma progresiva, y tienen una razón de ser.

Forma grupos con tus compañeros y analizad algunos de estos cambios. Sería conveniente que cada grupo elija uno de los temas siguientes:
Este ejercicio requiere un contenido superior a las 100 palabras sobre el tema elegido.

1.- *La sociedad...* aparecen nuevas clases sociales.
2.- *La economía...* nuevas inversiones económicas.
3.- *La religión...* cómo se hace más humana.
4.- *La literatura...* Alfonso X, el Sabio: las *Cántigas* y la música religiosa.
5.- *Las comunicaciones...* la importancia de las *ciudades* o burgos.
    Las relaciones con otros países: Francia.

TÍTULO

División de la composición en tres partes:

1.- Objetivos.

2.- Desarrollo:
    2.1.
    2.2.
    2.3.

3.- Conclusiones:
    3.1. Opinión personal.

4.- Bibliografía:
QUESADA, Sebastián: *Curso de Civilización española*, SGEL, Madrid, 1987, p-p: 57-58.
ESPINO NUÑO, Jesús y MORÁN TURINA, Miguel: *Historia del Arte español*, SGEL, Madrid, 1996, p-p: 75-84.
Nexos: Tema 2 "El Nacimiento de las Nacionalidades históricas".

ACTIVIDAD F: EL SIGNIFICADO DE LAS CATEDRALES

1.- ¿Hay catedrales en tu país?

❏ Sí.
❏ No.

2.- ¿Dónde se situaban antiguamente las catedrales?

❏ En el centro de la ciudad.
❏ A las afueras.
❏ En lo alto de una montaña.
❏ Junto al mercado o el ayuntamiento.
❏ En un lugar apartado y sombrío.

3.- ¿Por qué se construían en ese enclave y no en otro?

Detalle de la agujas de la Catedral de Burgos.

4.- ¿Demostraba riqueza y prestigio la construcción de una catedral?

❑ Sí.
❑ No.

5.- Tal vez, has visitado catedrales en otras ciudades y países: ¿podrías indicar dónde, y manifestar tus impresiones?

....

....

6.- ¿Crees que tenían una función en la sociedad o tan sólo fueron construidas por capricho o por un afán de mostrar poder y lujo?

ACTIVIDAD G: CONOZCAMOS LAS CATEDRALES ESPAÑOLAS POR DENTRO Y POR FUERA

Sitúa las siguientes catedrales en el mapa de España, señalando la fecha aproximada de su construcción o bien el siglo. Forma grupos con tus compañeros/as.

POR FUERA:

BURGOS
LEÓN
TOLEDO
BURGO DE OSMA
ÁVILA
LUGO
PALENCIA
TARRAGONA
LÉRIDA
VALENCIA
BARCELONA
PALMA DE MALLORCA
GERONA

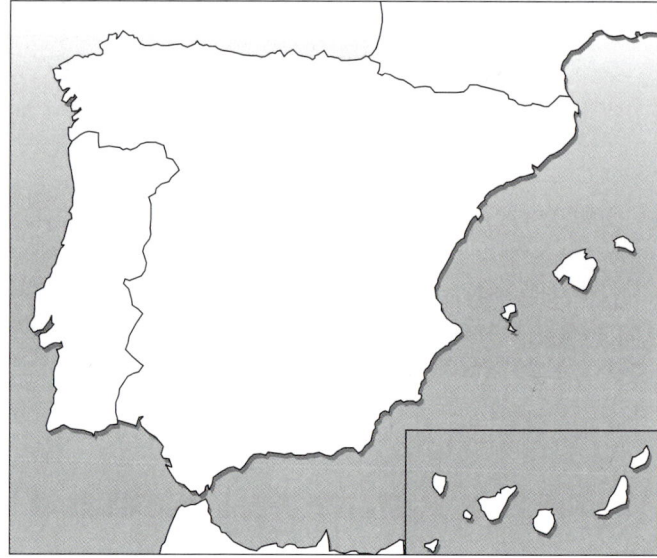

POR DENTRO:

Aquí tenéis varias imágenes góticas. Con flechas indicadoras podéis poner el nombre del elemento arquitectónico o escultórico que convenga:

Podéis definir e identificar los elementos con mayor facilidad después de leer y analizar los contenidos de la actividad H:

VIDRIERAS:
RETABLO:
CORO:
ARCO OJIVAL:
ARBOTANTES:

Fachada de la Catedral gótica de León.

ACTIVIDAD H: LA ARQUITECTURA

¿Puedes relacionar cada uno de estos términos con la descripción que le corresponde? Algunos no tienen definición.

Interior de la Catedral de Nôtre-Dame de París.

1.- Arco ojival.
2.- Rosetón.
3.- Vidrieras.
4.- Coro.
5.- Bóveda de crucería.
6.- Arbotantes.
7.- Agujas.
8.- Alféizar.
9.- Cruz latina.
10.- Retablo.
11.- Presbiterio.
12.- Triforio.
13.- Tribuna.

a.- Estructura arquitectónica en forma de pirámide muy apuntada. Sirve de decoración de torres, campanarios, es decir de las partes superiores de las catedrales góticas.

b.- Corte que se hace en el muro para hacerlo más amplio, y para permitir una mayor entrada de luz.

c.- Espacio de una iglesia junto al altar mayor y donde el clero canta.

d.- Ventanal circular abierto en la fachada de la iglesia.

e.- Arco formado por dos arcos iguales que se unen en uno de sus extremos formando punta.

f.- Ventana formada por vidrios (cristales) de dibujos coloreados.

g.- Bóveda que refuerza sus aristas con nervios. Se le denomina simple o sencilla.

h.- Obra de arte que cubre el muro tras el altar, hecha sobre madera, piedra o metal, con pinturas o esculturas.

i.- Galería formada por arcos que se apoyan sobre ágiles columnitas, encima de la cual se abren grandes ventanales.

j.- Espacio que circunda al altar mayor y que está separado de la nave por escaleras. Se reserva al clero.

k.- Galería sobre la nave lateral de un templo donde pueden alojarse los fieles.

SOLUCIÓN ACTIVIDAD H

a- 7	e- 1	i- 12
b- 8	f- 3	j- 11
c- 4	g- 5	k- 13
d- 2	h- 10	

ACTIVIDAD I: ARTE Y SOCIEDAD

Explica las divisiones sociales reflejadas en la disposición de la planta de la catedral:

1.- ¿Crees que en el arte gótico queda reflejada la disposición piramidal de la sociedad?

Presbiterio: canónigos.

Altar mayor: dignatarios, aristocracia.

Coro: monjes.

Línea divisoria: pueblo.

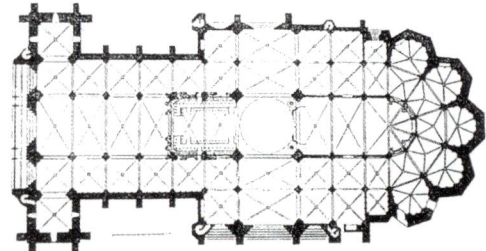

Planta de la Catedral de León.

ACTIVIDAD J: COMENTARIO LITERARIO

Los Pilares de la Tierra, de Ken Follet

Ken Follet: novelista inglés contemporáneo. En *Los Pilares de la Tierra* describe el fascinante mundo de las grandes catedrales.

POR QUÉ ESCRIBIÓ SU NOVELA...

"En 1976 hice el esbozo de una novela sobre la construcción de una catedral. Escribí unas siete mil palabras y lo dejé. Hice otro esbozo para una historia mucho más sencilla sobre un espía alemán en Inglaterra en guerra, y ello decidió mi destino durante una década.
Sin embargo persistía la idea de la catedral y, entre historia e historia de espías, solía acudir a alguna de las somnolientas catedrales en las ciudades de Inglaterra y me pasaba un par de días divagando por la iglesia, intentando descifrar los *secretos grabados en sus piedras. Una catedral rebosa de historias si uno sabe dónde buscar*".

TEXTO 1

PHILIP Y ALFRED

"El incendio de Kingsbridge había conmovido al *prior* Philip hasta lo más profundo de su corazón... los *artesanos* empezaron a considerar a Alfred como jefe. Alfred era hijo de Tom, *maestro albañil*...
Pero, a medida que transcurrían las semanas, Alfred adquiría confianza hasta que un día habló con Philip.

– ¿No preferirías que la catedral fuese *abovedada*? – le preguntó.

El boceto de Tom se basaba en un techo de *madera* sobre la parte central de la iglesia y techos de *piedra* abovedados en las naves laterales más estrechas.

– Sí que me gustaría – respondió Philip–. Pero nos decidimos por el techo de madera para ahorrar dinero.

– Lo malo es que un techo de madera puede arder, mientras que la piedra es a prueba de fuego.

Philip se quedó mirándolo... Pero la idea de una iglesia a prueba de incendios era algo atractivo, sobre todo después de haber ardido toda la ciudad.

– ¿Serían capaces los *muros* actuales de soportar el peso extra de un techo de piedra?

– Habríamos de reforzar los *contrafuertes*. Sobresaldrían un poco más, eso es todo.

A Philip le gustaba cada vez más la idea.

– ¿Pero acaso no habremos de esperar otro año antes de poder celebrar los oficios sagrados en el *presbisterio*?

– No. Con el techo de piedra o madera no podemos empezar a trabajar en él hasta la primavera próxima, porque el *triforio* ha de endurecerse antes de que pongamos peso alguno sobre él".

FOLLET, Kent: Los Pilares de la Tierra, texto adaptado.

Después de leer el texto, podrías detectar aquellas palabras que son familiares para ti y clasificarlas en dos grupos:

1.- Las relacionadas con la arquitectura: ....
....
....

2.- Las relacionadas con oficios y cargos: ....
....
....

3.- Después de haber leído la conversación entre Philip y Alfred, ¿crees que te has acercado un poco a lo que debió ser la construcción de una catedral?

4.- ¿Cuál es el tema principal del texto, según tu punto de vista?

❑ La construcción de una nueva catedral.
❑ La reconstrucción de una catedral que fue devorada por las llamas.
❑ Los problemas económicos para financiar la construcción.
❑ Las soluciones técnicas para evitar posibles incendios.

5.- ¿Qué subtemas has encontrado en el texto?

❑ Los materiales de construcción.
❑ Nuevas técnicas para aligerar el volumen de los pilares.
❑ La mayor esbeltez interior.
❑ La unidad espacial de los distintos ambientes: presbiterio, girola, naves, capillas laterales.

TEXTO 2

ALIENA

"... se dirigió hacia el enclave de la construcción. Se detuvo donde habría de estar la *crujía* y miró hacía el *presbiterio*. Estaba acabado. Le faltaba sólo el techo. Los albañiles se preparaban para la siguiente fase, la de los *cruceros*... Aliena contempló durante largo tiempo las *hileras de arcos*, grandes a nivel del suelo, pequeños encima y medianos en la parte superior. El ritmo regular de la *arcada, pilar, arco, pilar* producía una especie de *satisfacción* profunda. Justo enfrente a ella, en el muro este, había una bella *ventana redonda*. El sol, al salir, *brillaría* a través de la *tracería* durante los oficios matinales.

Caminó por la *nave lateral* de la parte sur... Allí, en las naves laterales, debajo de las ventanas, el muro estaba decorado con *arcos ciegos*, semejante a una hilera de *arcos rellenos*. Éstos no tenían objeto alguno, y sólo estaban destinados a hacer más acusada la sensación de *armonía*...

Decidió subir hasta el *triforio*. Volvió a la escalera de la pequeña torre y continuó el ascenso. El tramo siguiente era más corto, pero aun así resultaba aterrador por lo que, al llegar al final, el corazón le latía de forma desacompasada. Entró en el pasaje del triforio, un túnel angosto en el muro. Se deslizó a lo largo de él hasta llegar al alféizar interior de una ventana del triforio. Se aferró a la *columnilla que dividía la ventana*. Al mirar hacia abajo y ver el desplome de setenta y cinco pies empezó a temblar...

Aliena levantó la vista. En piedra aparecía esculpida la figura de un *hombre* sobre cuya espalda descansaba *el peso del arco*. Tenía el cuerpo como *contorsionado* por el dolor. Aliena se quedó mirándolo. Jamás había visto nada parecido".

Texto adaptado. FOLLET, Kent, *Los Pilares de la Tierra*.

A.-Lee detenidamente el texto sobre Aliena y marca las palabras relacionadas con la arquitectura.

◆ ¿Cuántos términos arquitectónicos has podido identificar?
◆ ¿Hay algún término que sea nuevo para ti?
◆ ¿Qué significa crujía?
◆ ¿Podrías deducir el significado de algún término por el contexto?

B.- Localiza las relaciones entre el arte y el ritmo, los sentimientos, emociones...

◆ ¿Qué sensaciones experimenta Aliena al contemplar por primera vez una catedral?

❸ EL ARTE ÁRABE EN ESPAÑA

SINOPSIS HISTÓRICA

En el año 711, un ejército musulmán, compuesto por tropas beréberes del Norte de África y *árabes*, atraviesan el estrecho de Gibraltar y derrotan al último rey visigodo –don Rodrigo– en la batalla de Guadalete. A continuación, conquistan Sevilla, Córdoba y Toledo y extienden su dominio por toda la Península.

Torre de San Martín en Teruel, ejemplo del mudéjar aragonés.

La invasión *islámica* no fue tan sólo una conquista militar, sino que originó una profunda transformación religiosa, social y cultural. Las tierras que los musulmanes ocuparon pasaron a denominarse *al–Andalus*. Por ello, definimos el arte que desarrollaron como arte *andalusí*, es decir el arte hispanomusulmán o arte islámico en España.

Más tarde surgirá un arte nuevo llamado mudéjar. Nace en los territorios reconquistados por los cristianos, en los que convivirán éstos con la población musulmana (moros, moriscos).

Desde la invasión del año 711 a la expulsión definitiva en 1492, se distinguen los siguientes periodos:

1.- 711-756 *Emirato dependiente*. Los emires o gobernadores son nombrados por el *califa* omeya de Damasco.

2.- 756-929 *Emirato independiente*. Abd al–Rahman I, príncipe omeya exiliado en España, se declara en rebeldía contra la nueva dinastia califal abbasi de Bagdag.

3.- 929-1031 *Califato de Córdoba*. Abd al–Rahman III se proclama califa, es decir, máximo soberano en lo político y en lo religioso.

4.- 1031-1492 Reinos de *Taifas*. Extinguido el califato de Córdoba, desaparece el poder central y al–Andalus se disgrega en pequeños reinos que poco a poco van cayendo en manos cristianas.

5.- 1055-1144 Los *almorávides*, dinastía beréber procedente de África, intentan efímeramente unificar al–Andalus bajo su mando.

6.- 1147-1269 La dinastía beréber de los *almohades* sustituye en el poder a los almorávides.

7.- 1235-1492 Sultanato *nazarí* de Granada, último reducto musulmán en España, conquistado por los Reyes Católicos en 1492.

Torre del Oro en Sevilla.

ACTIVIDAD A: LA ESPAÑA ÁRABE

Observa el mapa e identifica los datos que a continuación se solicitan. Trabajad las activi-dades A y B en grupos; con este ejercicio, conoceréis los límites geográficos y político-cul-turales que existían en la Península Ibérica.

◆ Delimitad el territorio cristiano.
◆ Delimitad el territorio de al–Andalus.
◆ Señalad las ciudades clave:

Córdoba.
Sevilla.
Toledo.
Granada.

◆ Y los limites continentales:

África.
Estrecho de Gibraltar.

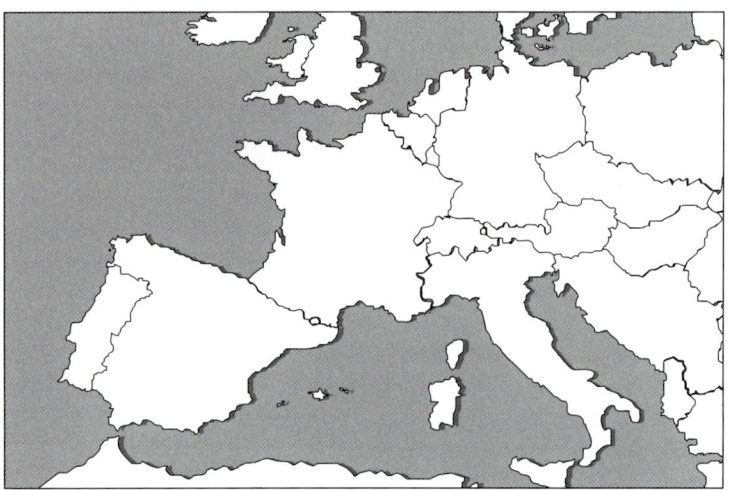

ACTIVIDAD B: LECTURA Y COMPRENSIÓN

Señalad qué términos de los que aparecen en la página siguiente en cursiva son descono-cidos para vosotros. Podéis encontrar la solución en el mismo texto de la Sinopsis.

TÉRMINO	DESCRIPCIÓN
Almorávide	"Dinastía beréber procedente de África, que intentó efímeramente unificar al–Andalus bajo su mando".

Indicad los términos que conocéis. ¿Podéis definirlos con vuestras propias palabras? Utilizad la lista como apoyo y estableced la correspondencia número-letra.

1.- Árabe ....

2.- Al-Andalus ....

3.- Beréberes ....

4.- Islam ....

5.- Musulmán ....

6.- Moros ....

7.- Moriscos ....

8.- Mozárabes ....

9.- Almohades ....

10.- Almorávides ....

11.- Reinos de Taifas...

12.- Califas ....

13.- Emirato ....

14.- Mudejáres ....

SOLUCIONES:

a.- Musulmanes díscipulos de Mahoma que invadieron la Península Ibérica y que procedían de Arabia.

b.- Termino derivado de Mauritania (nombre de una provincia del Imperio romano en el Norte de África). Con este término se nombran distintos grupos étnicos: árabes, sirios, beréberes. Son los musulmanes que se asentaron en al–Andalus entre 711 y 1492.

c.- Los moros que se bautizaron para permanecer en la Península Ibérica después de la Reconquista (1492).

d.- Los cristianos que vivían entre los moros durante la Reconquista. Adquieren e imitan la cultura árabe. Étnicamente son hispanorromanos o visigodos. No se convierten al Islam.

e.- Los musulmanes que permanecían en los terrenos conquistados por los cristianos. Este término se usó después del siglo XI y se siguió usando durante los siglos XIII-XIV.

f.- Los pobladores de Berebería (Norte de África). Su raza no es negra.

g.- Este término se aplica a los seguidores de Aben Tumart, que fanatizó a las tribus occidentales de África y destruyó el imperio de los almorávides fundando el de los...

h.- Se aplica a cada uno de los individuos de un pueblo procedente del Norte de África que, a mediados del siglo XI, fundaron un gran imperio y llegaron a dominar toda la España árabe hasta ser vencidos por los almohades.

i.- Cada uno de los pequeños reinos en que se dividió el territorio musulmán de la Península Ibérica tras el califato de Córdoba.

j.- Jefe musulmán, sucesor de Mahoma.

k.- Dignidad o territorio del emir.

l.- Príncipe o caudillo árabe.

m.- Religión y civilización de los musulmanes. "Sumisión a la voluntad de Dios".

n.- Territorio español bajo dominio musulmán.

ACTIVIDAD C: LA ENTREVISTA

Haz una entrevista a algunos de los compañeros/as de otros equipos y contrasta tu opinión con la suya:

Para mí, el califato es _____.

Para mí _____ es _____.

Para mí _____ son _____.

ACTIVIDAD D: LOS PERSONAJES DE LA HISTORIA

ASOCIACIONES:

¿Podrías relacionar a cada uno de estos personajes con el período de la historia y del arte en el que fueron protagonistas de la creación de grandes obras artísticas?

- ❏ Abd al–Rahman I
- ❏ Abd al–Rahman II
- ❏ Abd al–Rahman III
- ❏ Almanzor
- ❏ Al–Hakam II
- ❏ Muhammad V

Ellos fueron los protagonistas de...

1.- El inicio de la mezquita de Córdoba.
2.- Primera modificación en la mezquita.
3.- Segunda modificación en la mezquita.
4.- Última ampliación.
5.- Arte califal en su mayor apogeo decorativo: mosaicos, mármoles, bóvedas de
    crucería.
6.- Palacio de la Aljafería (taifas).
7.- Arquitectura religiosa almohade en Sevilla.
    Mezquita, Patio de los Naranjos, la Giralda.
8.- Palacio de Medina Azahara (Córdoba).
9.- Arquitectura civil almorávide: palacios, fortalezas.
10.- Arquitectura nazarí: la Alhambra.

Detalle de la decoración exterior en la mezquita de Córdoba.

Completa la información del recuadro. Para ello, sería conveniente que consultaras la
siguiente bibliografía:

✓ Espino Nuño, Jesús y Morán Turina, Miguel: *Historia del Arte español*, SGEL,
  p-p: 89-95.
✓ Bajo Álvarez, Fe y Gil Pecharromán, Julio: *Historia de España*, SGEL, p-p: 47-58.

PERSONAJE	DINASTÍA O PERÍODO	CIUDADES/OBRAS ARTÍSTICAS/ AVANCES O MODIFICACIONES
Abd al–Rahman I	Emirato cordobés.	Córdoba: la Mezquita.
Abd al–Rahman II		
Abd al–Rahman III		
Almanzor		
Al–Hakam II	Emirato cordobés.	
Taifas	Reinos de taifas.	Palacio de la Aljafería.
	Almorávides.	
	Almohades.	Sevilla: Patio de los Naranjos. Patio Yeso.
Yusuf I	Hispano-musulmán o nazarí.	Granada.

ACTIVIDAD E: EJERCICIO ESCRITO Y EXPOSICIÓN: EL ARTE Y LA HISTORIA

LA MEZQUITA:

La mezquita fue diseñada por arquitectos que estudiaron el espacio para ser aprovechado como una gran sala de oración colectiva. En sus dependencias se acogía a sabios, estudiosos, perseguidos y enfermos.

Ejercicio en grupos:

El profesor/ra dividirá la clase en grupos. Cada uno, según sus preferencias, puede elegir uno de los temas abajo indicados. Por ejemplo, la disposición del espacio en la mezquita de Córdoba.

Temas:

◆ La arquitectura
◆ Disposición espacial del edificio: las naves, las columnas.
◆ La decoración, la cultura del desierto, de la luz y del agua.
◆ La presencia de patios con fuentes y las salas de oración.

1.- Título...

2.- Objetivos...

3.- Desarrollo: ....
    3.1. ....
    3.2. ....
    3.3..

4.- Conclusiones ....

5.- Opinión personal ....

Bibliografía:

✓ QUESADA, Sebastián: *Curso de Civilización española*, SGEL, Madrid, 1987, p-p: 59-64.
✓ ESPINO NUÑO, Jesús y MORÁN TURINA, Miguel: *Historia del Arte Español*, SGEL, Madrid, 1996, p-p: 89-100.
✓ *Nexos*: Tema 2 "El Nacimiento de las Nacionalidades históricas".

ACTIVIDAD F: LA CIUDAD MEDIEVAL, CRISOL DE CULTURAS

LA CIUDAD ÁRABE Y EL ARTE DE LO SENSITIVO

En el norte de España se está desarrollando un arte que refleja la grandiosidad y el poder divino. Las grandes catedrales se elevan como queriendo alcanzar la eternidad.

En el sur, los árabes, procedentes de los desiertos, crean un arte sensitivo y colorista que imita a la naturaleza. El marco donde se ubica será la ciudad.

La funcionalidad y el uso comercial fueron los factores más decisivos en la ordenación del espacio urbano. La actividad de la ciudad giraba en torno al *zoco*, centro comercial próximo a la mezquita, y en cuyo entorno se alzaban oratorios, baños, palacios.

La calle principal que accedía a dicho entorno era el eje de referencia de las calles centrales, de los barrios que constituían la estructura urbana. A las afueras de la ciudad se situaban los *arrabales, o barrios pobres*, y el *cementerio*.

Sitúa en la foto de Toledo los legados que han quedado de las culturas que allí tuvieron su ciudad. Relaciona cada edificio o construcción con su cultura.

a.- Árabe.
b.- Judía.
c.- Cristiana.

❑ La mezquita.
❑ Alcázar.
❑ Las murallas.
❑ Catedral.
❑ Zocodover.
❑ Iglesia mozárabe.
❑ La sinagoga.
❑ Museo Sefardí.
❑ Puente de San Martín.
❑ Puerta de Alfonso VI.
❑ Iglesia de Santiago del arrabal.

Vista parcial del centro de la ciudad de Toledo.

3

Ibn Hanz autor, hispano-árabe, describe en su obra *El Collar de la Paloma* la ciudad de Córdoba.

CÓRDOBA

Nos encontramos con las calles que giran en torno a la Gran *Mezquita*, la periferia con su cima de *murallas* que aíslan la ciudad, los *barrios secundarios* donde vivían los artesanos. Nos describe la inmensidad de las magnificas viviendas donde residía la aristocracia y los altos dignatarios del reino. Podemos sentir el olor a almendros que exhalaban sus jardines y el borboteo de las fuentes. Calles de tortuoso trazado, casi siempre frescas, de las que surgen multitud de callejuelas sin salida que nos llevan sin querer al arrabal.

Ib Hanz nos lleva de la mano al *mercado ambulante*, a los lugares dedicados al paseo, grandes alamedas, verdaderas joyas hechas jardines donde juegan a la par la naturaleza y el ingenio humano. Fuera de las puertas de la ciudad nos encontramos con los *cementerios y leproserías*.

Mira el plano de esta ciudad medieval:

1.- ¿Qué disposición tiene?

❑ Concéntrica.
❑ Lineal.
❑ Desordenada.

Plano de la ciudad de Córdoba.

2.- ¿Tu ciudad tiene un centro o plaza desde donde salen las demás calles?

❏ Sí.
❏ No.

3.- Imagina un día en la ciudad de Ibn Hanz. ¿Qué lugares te gustaría visitar?

4.- Fíjate en el plano de Córdoba y con la descripción de *El Collar de la Paloma* redacta una historia de aventuras o de romances en esta ciudad y ambiéntalos en un misterioso marco.

ACTIVIDAD G: LECTURA: CUENTOS DE LA ALHAMBRA

Washington Irving es el autor de los *Cuentos de la Alhambra*.

Arco de la Alhambra de Granada por donde se accede al Patio de los Leones.

EL PATIO DE LOS LEONES Y LA LEYENDA DE BOABDIL

"La Alhambra es una antigua fortaleza o palacio amurallado de los reyes moros de Granada y desde allí dominaban su última propiedad en España. Dentro de la Alhambra podía estar un ejército de 40.000 hombres.

Parecía que estábamos en otros tiempos. Había un gran patio con el suelo de mármol. En medio, un estanque muy grande, lleno de peces, y alrededor muchas rosas. Se llamaba el patio de la Alberca.
Desde allí, por un arco se pasa al famoso Patio de los Leones. No hay un sitio más hermoso que éste...
En el centro hay una fuente, y por los 12 leones que la sostienen sale el agua como en los tiempos del rey Boabdil. El suelo está cubierto por hierbas y hay arcos sostenidos por columnas de mármol blanco.

...A los pocos días volví al Patio de los Leones y me sorprendí mucho al ver a un moro con su turbante, sentado junto a la fuente.
Estábamos hablando cuando vio una inscripción donde decía que "la gloria y el poder de los reyes árabes sería eterna". El moro dijo:

—Así sería y los árabes todavía estarían aquí, en la Alhambra, si Boabdil no hubiera sido un traidor y no hubiera entregado la ciudad a los cristianos, pues los Reyes Católicos nunca hubieran podido tomarla por la fuerza... ¡Maldito sea por traidor!

Y después de decir estas palabras el moro se marchó. Al escuchar sus palabras recordé que todavía hay árabes que piden a Alá que Granada vuelva a su poder y creen que esto llegará algún día. Conservan los planos y escrituras de las tierras de sus antepasados que vivieron en Granada y las enseñan como prueba de su derecho a vivir en esta ciudad".

IRVING, Washington: *Cuentos de la Alhambra*, SGEL, Madrid, 1978. Texto Adaptado. Adaptación de Elisa Criado.

1.- ¿Conoces la leyenda del rey Boabdil?

2.- ¿Sabes qué ocurrió después de la supuesta traición de este rey árabe?

3.- ¿Cómo cambió la historia de España y qué otros movimientos culturales e históricos ocurrieron?

4.- ¿Crees que la influencia del arte árabe en España permaneció después de su marcha?

¿QUIÉN FUE AVERROES?

Es uno de los filósofos más importantes del mundo musulmán. Nació en la mítica ciudad de Córdoba (1126-1198). Fue testigo de la agitada historia de al–Andalus en el siglo XII, época marcada por las invasiones de almorávides y almohades.

Fue un estudioso de las matemáticas, de la física y de la astronomía. En una época en la que aún se creía en la teoría de Ptolomeo basada en que el Sol giraba en torno a la Tierra, Averroes lo puso en duda.

Para Averroes, la astronomía es una ciencia necesaria para la perfección del hombre y describe la realidad del universo.

URVOY, Dominique: *Averroes*, Alianza Editorial, Madrid, 1998.

ACTIVIDAD H: LA ALHAMBRA

¿Cómo crees que influyó la astronomía y el estudio del universo en el arte islamico de España?

1.- La Alhambra: el Patio de los Leones.

2.- Los círculos sin fin de los arabescos decorativos.

3.- La cúpula estrellada de la sala de los Abencerrajes.

Patio de los Leones en la Alhambra de Granada.

❹ EL ARTE RENACENTISTA Y BARROCO EN ESPAÑA

SINOPSIS HISTÓRICA

1.- EL RENACIMIENTO EN ESPAÑA

El Renacimiento comienza en Italia en el siglo XV. De allí se extiende por toda Europa. Significa una vuelta a la antigüedad clásica de Grecia y Roma, pero sobre todo a la antigüedad romana. A la vez que el renacimiento artístico, se produjo el triunfo del humanismo cultural. Los modelos clásicos se introdujeron en la literatura, en la filosofía y en las ciencias.

Es durante el reinado de los Reyes Católicos (1469-1504) cuando aparece el Renacimiento en España. Se introduce lentamente, pues el arte gótico se mantiene sobre todo en los edificios religiosos. Será durante el reinado de Felipe II (1527-1598) cuando el Renacimiento alcance toda su plenitud en España. A lo largo de los siglos XVI y XVII, las artes y las letras alcanzan en la Península Ibérica un gran esplendor, por lo que se los denomina "Siglos de Oro". En este período, Renacimiento y Barroco se enlazan a través del Manierismo.

A mediados del siglo XVII, el misticismo y el espíritu de la Contrarreforma impulsan un nuevo estilo artístico, especialmente en la pintura: el arte barroco.

Se aprecian los siguientes períodos:

Detalle de la fachada renacentista del Palacio del Infantado en Guadalajara.

- ◆ Estilo Isabelino o Plateresco (siglo XV-principios del XVI).
- ◆ Estilo Clásico (1500-1550).
- ◆ Estilo Herreriano (1550-1600).
- ◆ Manierismo (1600-1630).
- ◆ Barroco (1630-1690).
- ◆ Rococó y Churrigueresco (1690-1725).

2.- LA NUEVA CONCEPCIÓN DEL MUNDO: EL HUMANISMO

El arte renacentista supuso un cambio radical. Se centra en los valores del ser humano, anteponiéndolos a los valores teocéntricos medievales.

El nuevo arte destaca el espacio, el paisaje, la naturaleza y hasta el propio cuerpo, su belleza y su espiritualidad. El lenguaje artístico se ciñe al clasicismo: la norma, la proporción y el orden.

3.- LAS TRANSFORMACIONES SOCIALES Y POLÍTICAS

En este período surgen los grandes Estados modernos (España, Francia, Gran Bretaña), en torno a monarquías de poder casi absoluto, que marginaron a la nobleza tradicional para apoyarse en las ciudades, los comerciantes, los burgueses, y las conquistas territoriales (los grandes descubrimientos de Asia y América). El arte se transformó en símbolo y manifestación de poder y riqueza.

La Magdalena, por José Ribera, ejemplo de pintura barroca.

4

Muchos burgueses se convirtieron en banqueros, que pasaron a la historia por su pasión por el arte y el lujo y por su condición de *mecenas*. Mecenas fueron también papas y reyes. La figura del mecenas y los nuevos usos de la obra de arte en la sociedad son dos puntos claves para entender la razón de ser del estilo renacentista.

En España, Felipe II aparece como el prototipo del rey del Renacimiento, impulsor de las artes y de las letras. Se rodeó de los mejores pintores de la época (El Greco, El Bosco, Van der Weyden, Tiziano), e hizo construir *El Escorial*, la obra máxima del clasicismo herreriano.

4.- La contrarreforma

El arte cumplió también funciones religiosas en la confrontación entre la Reforma Protestante y el Catolicismo de Roma que se inició en el reinado de Carlos V, entre 1520 y 1560.

La crisis religiosa fomentó el *misticismo* en las artes. La religión se convierte en un compromiso personal, también para el artista. Sus obras tendrán un valor dogmático, pues a través de ellas intenta persuadir y enseñar. Las imágenes católicas, vírgenes, niños, cristos, santos, son el vehículo de la Iglesia para controlar la ortodoxia de las representaciones religiosas a partir del Concilio de Trento (1545-1563). De este espíritu surgió el movimiento Barroco.

Actividad A: Lectura y comprensión

La clase se dividirá en cuatro grupos. Cada uno de ellos debe centrarse en uno de los cuatro apartados de la Sinopsis.

El ejercicio consiste en realizar un esquema sobre el apartado que os corresponda, y en exponerlo en clase. Podéis seguir este modelo:

	EQUIPO 1	EQUIPO 2	EQUIPO 3	EQUIPO 4
TEMAS				
CARACTERÍSTICAS				
CONCLUSIONES				

Actividad B: Correspondencias y asociaciones

Cada grupo leerá el apartado de Correspondencias.

El ejercicio consiste en asociar cada letra con el número del apartado de la Sinopsis que corresponda. Al final todos los grupos comentarán los resultados.

ASOCIACIONES

APARTADO 1 .... CORRESPONDENCIA ....

APARTADO 2 .... CORRESPONDENCIA ....

APARTADO 3 .... CORRESPONDENCIA ....

APARTADO 4 .... CORRESPONDENCIA ....

CORRESPONDENCIAS

A.- Lutero pensó que no había que seguir la doctrina de Roma. Su religión se basa en la fe y en la lectura de la Biblia.

B.- Se estudia el mundo clásico. El hombre es el centro del universo.

C.- El arte plateresco es una mezcla de los artes gótico y renacimiento. Se inicia en Valladolid, pero su núcleo principal es Salamanca. También se extiende a Alcalá (Universidad, 1508).

D.- Clásico: Reacción contra la excesiva decoración del plateresco. Edificios monumentales y formas más clásicas. Carlos V.

E.- Estilo Herreriano o Escurialense: estilo severo, monumental y con ausencia de decoración. Felipe II.

F.- Los edificios, la pintura y todas las artes van a girar en torno a la figura humana y su espiritualidad.

G.- Introducción del decorativismo pictórico, efectos plásticos, estatuas en movimiento y deformación de las formas: Barroco.

H.- Fines del siglo XVII y primera mitad del XVIII: arte barroco exaltado o churrigueresco. El barroco deriva a formas decorativas exageradas, exuberantes.

ACTIVIDAD C: EJERCICIO ESCRITO Y EXPOSICIÓN: EL BARROCO ARTÍSTICO

Cada uno de los grupos formados en la clase puede hacer un comentario escrito del apartado estudiado.

Temas:

◆ El Renacimiento y las imágenes religiosas.
◆ La construcción de El Escorial.
◆ Los retratos.
◆ El misticismo barroco.
◆ Los pintores barrocos.

Bibliografía:

✓ ESPINO NUÑO, Jesús y MORÁN TURINA, Miguel: *Historia del Arte español*, SGEL.
   "Felipe II y el Arte", p-p: 123-127.
   "El Renacimiento", p-p: 115-122.
   "El Barroco", p-p: 143-160.
   "El Greco", p-p: 129-132.

ACTIVIDAD D: IMÁGENES Y ESTILOS

Fachada de la Universidad de Salamanca.

Monasterio de San Lorenzo de El Escorial.

Vista exterior del palacio de Carlos V en La Alhambra de Granada.

Capilla del Pilar, Zaragoza.

Sagrario del Monasterio de El Paular, Madrid.

Identifica cada imagen con su estilo y ordénalas cronológicamente:

A.- Es de estilo plateresco porque...

1.- ... representa la pureza renacentista: sencillez de formas, aspecto cúbico, austero, esculturas en relieve...

B.- Es de estilo clásico porque...

2.- ... la técnica es del gótico, mudéjar y renacimiento.

C.- Es herreriano porque...

3- ... es un arte muy recargado y decorativo, con almohadillado, decoración vegetal animal y humana.

D.- Es barroco porque...

4.- ... tiene formas retorcidas, exuberancia decorativa, columnas salomónicas.

E.- Es churrigueresco porque...

5.- ... tiene detalles decorativos, frontones partidos, líneas curvas, entrantes y salientes con juego de luces y sombras...

CRONOLOGÍA						
ESTILO						
FECHAS						
SIGLOS						

ACTIVIDAD E: MIRAR UN CUADRO

Asocia los siguientes conceptos mientras observas el retrato de Felipe II.

❏ El decoro: normas estéticas clásicas.

❏ La proporción: detallado estudio anatómico frente al esquematismo medieval.

❏ La belleza ideal: cánones de belleza renacentista.

❏ El dibujo: creación de un espacio y de unas formas verídicas.

❏ Color real: reproducción de la realidad tal y como es.

❏ Claroscuro: juego de sombras y luces.

❏ Perspectiva: representación de un objeto de manera que se aprecie su situación y posición real.

Retrato de Felipe II, por Tiziano.

1.- ¿Refleja la imagen ideal del individuo o trata también de expresar la imagen real?

....

....

2.- ¿Dónde destaca el juego de luces y sombras?

....

....

3.- ¿Qué proporción encuentras en los rasgos físicos y psicológicos?

....

....

4.- ¿Responde el retrato al canon de belleza renacentista?

....

....

ACTIVIDAD F: LA IMAGEN RELIGIOSA BARROCA

Ecce Homo, por Alonso Berruguete.

1.- ¿Crees que una imagen vale más que mil palabras?

❏ Sí.
❏ No.

2.- ¿Qué te inspira esta escultura?

ACTIVIDAD G: EL ARTE DE EL GRECO

ASOCIACIONES

A.- Dramatismo.
B.- Expresividad.
C.- Realidad.
D.- Irrealidad.

1.- Los gestos contorsionados.
2.- Vólumenes alargados.
3.- Vestidos, peinados, decoro.
4.- Espiritualidad.

1.- ¿Qué crees que intenta expresar el artista?

Mediante 1 .... el artista intenta trasmitir A ....
porque ....

....

Expresión de un rostro, detalle.

El entierro del conde de Orgaz, por
El Greco.

Observa el cuadro y comenta:

2.- ¿El concepto de belleza es clásico?

❑ Sí.
❑ No.

3.- El manierismo supone un estilo de transición. ¿A dónde nos lleva?

4.- ¿Por qué crees que se transforman las imágenes, los rostros, las expresiones?

5.- ¿Te resulta dramático este estilo?

6.- ¿Qué nos quiere comunicar el artista?

ACTIVIDAD H: LA ENTREVISTA

A continuación tienes una información sobre *El Greco*. Imagina que vives en el Siglo de Oro: ¿qué tipo de preguntas le harías? Inventa sus respuestas después de analizar los datos que aparecen en el recuadro y que están relacionados con su entorno y su vida:

EL GRECO: EL ARTISTA Y LA BÚSQUEDA DE LA LIBERTAD EXPRESIVA. CARACTERÍSTICAS DE UN PINTOR FUERA DE LA CORTE
Domenikos Theotokopoulos, El Greco, (1541-1614) nació en Creta y se formó como pintor en Venecia. Al llegar a España recibió el encargo de pintar dos cuadros para El Escorial (*El Martirio de San Mauricio* y *El sueño de Felipe II*). El monarca ya no le hizo más encargos. El Greco se estableció en Toledo, donde residió el resto de su vida. Allí, en contacto con el ambiente castellano, su estilo evoluciona: conserva de los venecianos el sentido del color, pero sus personajes se van alargando y desmaterializando hasta parecer desproporcionados, al tiempo que sus obras adquieren una extraordinaria fuerza expresiva. Las obras más famosas son: *El entierro del conde de Orgaz*, *El expolio*, *El caballero de la mano en el pecho*, *Vista de Toledo*.
- Es un artista de transición hacia el Barroco.   - No triunfó en la corte de Felipe II porque no se adecúa a sus normas representativas.   - Sus clientes son: seglares, religiosos.   - Sus temas son: retratos; pinturas religiosas: apóstoles, santos, cristos, místicos, penitentes.   - Los personajes forman parte de un paisaje que describe la ciudad de Toledo envuelta en luces fantasmales.
- En 1614 con la muerte de El Greco, figura central del Manierismo, se abre paso una nueva etapa en la pintura española: el Realismo.

H.1 Ficha de la entrevista

TÍTULO: ....

ENTREVISTADOR: ¿Qué le indujo a venir a España, y cuáles fueron sus inicios como artista?

El GRECO: ....

E: ¿Por qué piensa que no tuvo éxito como artista en la corte de Felipe II? ¿Se sintió fracasado?

EL GRECO: ....

E: Después de abandonar la ciudad y la corte de Madrid, ¿dónde decidió continuar su carrera pictórica?

EL GRECO: ....

E: ¿Qué tipo de clientela le compraba los cuadros? ¿Se sentía libre a la hora de pintar o bien le condicionaban los gustos de sus clientes?

EL GRECO: ....

E: ¿Podría describirnos los gustos y las preferencias de los compradores de arte?

EL GRECO: ....

E: ¿Cómo podría definir la originalidad de su obra?

EL GRECO: ....

E: A todo artista, de un modo u otro, le obsesiona cómo se verá su obra en los siglos venideros. ¿Cómo cree que interpretarán sus cuadros en el siglo XXI?

EL GRECO: ....

E: Como punto final a nuestra entrevista, una última pregunta: ¿La originalidad de su obra ha sido suficientemente valorada? ¿Qué cuadros piensa que serán en el futuro los más representativos de toda su obra?

EL GRECO: ....

ACTIVIDAD I: LA IMAGEN Y LA PALABRA

Para el desarrollo de este ejercicio, proponemos hacer cuatro grupos.
Es necesaria la lectura preliminar de las fichas y la observación de los cuadros.

1.- ¿Con qué autor o autores pones en conexión los siguientes temas?

❑ Tenebrismo ....
....

❑ El claroscuro ....
....

❑ El realismo ....
....

❑ La expresividad ....
....

❑ Los pícaros ....
....

❑ Personajes monstruosos ....
....

❑ Personajes religiosos ....
....

❑ Los bodegones ....
....

❑ La psicología ....
....

2.- Mira con detenimiento cada uno de estos cuadros. ¿Cuál te resulta más atractivo?

El refectorio de los cartujos, por Zurbarán.

Las Meninas, por Diego Velázquez.

A

B

Inmaculada, por Murillo.

Magdalena Ventura, o la mujer barbuda, por José Ribera.

C

D

A por ....

B por ....

C por ....

D por ....

3.- Selecciona el cuadro que quieres comentar y ponlo en relación con el tema y el autor que te ha resultado más atractivo:

- ❏ Los bodegones, personajes religiosos, la vida monástica.
- ❏ El claroscuro, la psicología.
- ❏ Los pícaros, el realismo, la expresividad.
- ❏ El tenebrismo, claroscuro, personajes monstruosos.

FICHAS DE PINTORES FAMOSOS

ZURBARÁN	
FRANCISCO DE ZURBARÁN EXTREMADURA 1598-1664	
TÉCNICA:	Efectos cromáticos.
GENERACIÓN:	Tenebrista.
CARACTERÍSTICAS:	Valoración de la luz y la sombra.
CLIENTELA:	Comunidades religiosas.
PERSONAJES:	Religiosos.

VELÁZQUEZ	
DIEGO RODRÍGUEZ DE SILVA Y VELÁZQUEZ SEVILLA 1599-MADRID 1660	
TÉCNICA:	Autonomía de la pincelada, sutileza cromática, claridad espacial.
GENERACIÓN:	Realismo. Naturalismo psicológico.
CARACTERÍSTICAS:	Búsqueda de la primera impresión, el contraste entre las luces y las sombras. Fugacidad del momento.
CLIENTELA:	Cortesanos.
PERSONAJES:	Cortesanos y tipos populares.

MURILLO	
BARTOLOMÉ ESTEBAN MURILLO SEVILLA, 1617-1682	
TÉCNICA:	Pincelada que capta la atmósfera y reproduce sensaciones.
GENERACIÓN:	Tenebrismo.
CARACTERÍSTICAS:	Juego de luces y sombras. Fugacidad del momento.
CLIENTELA:	La corte. Órdenes religiosas.
PERSONAJES:	Vírgenes, santos y tipos populares.

RIBERA	
JOSÉ RIBERA JÁTIVA 1591-1652	
TÉCNICA:	Claroscuro.
GENERACIÓN:	Naturalismo.
CARACTERÍSTICAS:	Religiosidad mística. Efectos de luz, dramatismo supraterrenal.
CLIENTELA:	La corte.
PERSONAJES:	Religiosos, populares, cortesanos.

El aguador de Sevilla, por Diego Velázquez.

❺ LOS SIGLOS XVIII Y XIX

SINOPSIS HISTÓRICA

El siglo XVIII, llamado también el "Siglo de las luces", se caracteriza fundamentalmente por las grandes transformaciones sociales, políticas y artísticas inspiradas en el racionalismo francés.

En España queda atrás el desastre económico y el esplendor artístico del Siglo de Oro, y comienza una nueva etapa con el reinado de Felipe V, el primer Borbón español. El arte está al servicio del ocio. En este período se crean los *Jardines de Aranjuez*, el *Palacio de la Granja*, el *Palacio Real*...
Carlos III, en su afán por renovar Madrid, crea la *Puerta de Alcalá*, la *Fuente de Cibeles*, el *Jardín Botánico*, el *Museo del Prado*; todo ello, bajo la estética de la Ilustración basada en la belleza y el rigor *neoclásico*.

En el ultimo cuarto del siglo XVIII surge el *pre-romanticismo*, una nueva filosofía que se rebela contra el esquematismo neoclásico; en su lugar, el artista expresa su individualidad y sus sentimientos.

Entre estos dos mundos de contrastes, por un lado el de la razón, y por otro el de los sentimientos, surge la figura de Francisco de Goya.

La genialidad de este artista no reside sólo en sus cualidades técnicas y estéticas, sino en su gran poder crítico y de observación, que se complementa con su necesidad de expresar el sentimiento colectivo.

Con la muerte de Goya, en 1826, llegamos al *Romanticismo* pleno. En esta primera mitad del siglo XIX, el arte se pone a disposición de una burguesía *liberal* atraída por lo exótico. El romántico se aleja de la realidad, huye al pasado, pinta ruinas medievales y lugares misteriosos.

Como reacción, surge el *Realismo* que se enfrenta al idealismo romántico. Los temas más comunes son el realismo social y el *costumbrismo*.

ACTIVIDAD A: COMPRENSIÓN

Después de leer la Sinopsis, responde:

1.- ¿De dónde viene el término racionalismo?

❏ De razón.
❏ De relacionar.
❏ De ración.

2- ¿Piensas que el arte neoclásico es frío, esquemático, didáctico, ilustrativo?

3- ¿Qué significa neoclásico?

❏ Un arte nuevo.
❏ Un arte de transición.
❏ Una vuelta al clasicismo.

4.- ¿Por qué crees que el racionalismo se sirve del neoclasicismo para reflejar sus ideales?

ACTIVIDAD B: LA HISTORIA Y EL ARTE EN MADRID

Sitúa estas fotografías en el lugar que les corresponde en el plano de Madrid.

Museo del Prado.

Fuente de la Cibeles.

Puerta de Alcalá.

Palacio Real.

Jardín del Buen Retiro.

Comenta con tus compañeros la historia y el valor artístico de los monumentos y edificios de las fotografías.

1.- El Museo del Prado.

2.- Las fuentes de Madrid.

3.- La puerta de Alcalá.

4.- Palacio Real.

5.- Jardín del Buen Retiro.

Bibliografía:

✓ QUESADA, Sebastían: *Curso de Civilización española*, SGEL, pág. 120.
✓ ESPINO NUÑO, Jesús y MORÁN TURINA, Miguel: *Historia del Arte español*:
   "La arquitectura de la corte de Felipe V",
   "Carlos III y las ciudades de la Ilustración", p-p: 165-170.

ACTIVIDAD C: EL MADRID DE GOYA Y LOS PERSONAJES GOYESCOS

En la capital, ya a finales del siglo XVIII, la aristocracia imita la forma de vestir, los gestos y los bailes de las clases más populares. Los majos y las majas viven en los barrios más humildes y castizos de Madrid, como Lavapiés, situado en el centro de la ciudad.

Las romerías son fiestas en las que se mezclan la religión y la diversión. Por eso se celebran junto a las ermitas. A su alrededor tienen lugar meriendas, bailes y cantos. En la ermita de San Antonio de la Florida, junto al río Manzanares, se dan cita los personajes goyescos.

Pero, no lo olvidemos, Goya también retrata el lado oscuro de Madrid, el de la guerra, la crueldad y la represión.

La maja y los embozados, detalle, por Goya.

1.- ¿Qué son las romerías?

2.- ¿Cómo refeja Goya la sociedad de su tiempo y el folklore?

3.- ¿Han existido estas fiestas populares en tu país?

4.- ¿Todavía perduran?

5.- ¿Cómo las describirías?

- ❑ Bailes.
- ❑ Juegos.
- ❑ Vestidos típicos.
- ❑ Lugares de encuentro.

ACTIVIDAD D: LECTURA, COMPRENSIÓN Y DEBATE

Sugerimos formar dos grupos: el A y el B.
Cada apartado corresponde a un período distinto de la historia de España y de la vida de Goya. Cada grupo leerá solamente su apartado y hará una exposición con ayuda de la pizarra.

Poniendo en común las ideas, ¿podéis completar el cuadro?

EQUIPO A

1746   Nace en Fuentedetodos.

1760   Período de formación.

1777   Comienza a ser conocido como pintor.

1784   Pinturas religiosas.

1785   Academia de San Fernando.

1786   Pinturas para la Real Fábrica de Tapices.

1787   Época de Carlos III.
        Neoclasicismo, Rococó, tipos costumbristas.

1788   *Pinturas de corte*: retratos de la familia real.

1792   *Retrato de la duquesa de Alba.*

1795   Director de la Academia de Bellas Artes.

1796/97 Los *Caprichos*: Arte de la *Ilustración*.
        Protesta contra la sociedad, la política, la ignorancia.
        Crítica a través del humor y de la ironía.

1796   Frescos de San Antonio de La Florida

EQUIPO B

1797

1798   Retratos: Carlos IV. Las Majas.

1799   *Inquisición*.

1808   *Invasión francesa*: guerra de la Independencia. Levantamiento del pueblo de
        Madrid contra las tropas de Napoleón.
        El *pre-romanticismo*: el antihéroe, la noche, los contrastes.
        Expresividad.
        Visión fotográfica.
        La Guerra: reacción humana ante la muerte. Crítica.

1812   Guerra, fusilamientos. Grabados.

1814   Fernando VII.

1815   *Tauromaquia*. Grabados.

1816

1819   Pinturas religiosas.

1820   *Pinturas negras*.
        El absolutismo de Fernando VII. Época de represión.
        Enfermedad de Goya: la soledad y el dolor le hacen crear seres grotescos, fantásticos, locos. Pintura pesimista.

1823   Absolutismo de Fernando VII.

1824   Exilio a Francia.

1826   Muerte de Goya.

PUESTA EN COMÚN:			
EQUIPO A	MOVIMIENTOS HISTÓRICOS.	ETAPAS ARTÍSTICAS DE GOYA.	CARACTERÍSTICAS.
EQUIPO B	Absolutismo de Fernando VII.	Pinturas negras.	Pintura pesimista, soledad, monstruos...

D.1 DEBATE ENTRE EQUIPOS

¿Qué etapa en la evolución del arte de Goya os parece más interesante, creativa y original?

Bibliografía:

✓ ESPINO NUÑO, Jesús y MORÁN TURINA, Miguel: *Historia del Arte español*:
   "Goya", p-p: 177-184, SGEL.

ACTIVIDAD E: LA IMAGEN Y LA PALABRA

Identifica las características o personajes (relacionados más abajo del 1 al 6) con uno de los cuadros de Goya:

La gallina ciega.

Los fusilamientos del 3 de mayo de 1808 (detalle).

A

B

La familia de Carlos IV.

Tauromaquia.

C

D

Detalle de *La romería de San Isidro.*

El naufragio.

E

F

1.- Los majos, las majas en la romería: mantillas, encajes, tules ....

2.- Condecoraciones, joyas, opulencia ....

3.- Muerte, desesperación, angustia: hombres ajusticiados ....

4.- Personajes grotescos en romería: borrachos, hombres sin rostro ....

5.- Superstición, miedo, noche ....

6.- Locura, atrevimiento, el matador, los espectadores ....

ACTIVIDAD F: MIRAR LOS CUADROS

Comenta con tu compañero/a y escribid las respuestas:

1.- ¿Crees que Goya refleja en sus cuadros sus estados de ánimo?

2.- ¿A través de qué personajes y colores expresa la alegría, el entusiasmo?

3.- ¿Qué rostros, situaciones y gamas de color representan la angustia?

4.- ¿Qué significado tiene para ti el término grotesco?

5.- ¿En qué situación anímica se encontraba Goya para captar lo grotesco de la realidad?

6.- ¿Existía lo grotesco o era un producto de su mente?

7.- ¿Crees que Goya va a influir en el arte español posterior?

ACTIVIDAD G: EL CLUB DE LOS ROMÁNTICOS

Haz esta encuesta en la clase a tus compañeros/as.

1.- ¿Qué significado tiene para ti el término romántico?

2.- Me considero romántico/a por que...

◆ Me gusta viajar ....

◆ Me interesa el pasado histórico de mi país ....

◆ Me encantan los lugares exóticos y misteriosos ....

◆ Soy sentimental ....

◆ No tengo lógica ....

◆ Me gusta la libertad y la independencia ....

◆ No soy tradicional ....

◆ Me identifico con la naturaleza y formo parte de ella ....

Teniendo en cuenta las respuestas, ¿qué aspectos de la personalidad se consideran románticos hoy en día?

ACTIVIDAD H: LOS ROMÁNTICOS Y LOS COSTUMBRISTAS

1.- ¿Cómo distinguirías un cuadro romántico, costumbrista y realista?

2.- Observa los siguientes cuadros. ¿Qué diferencias encuentras entre ellos?

3.- ¿Reflejan la auténtica realidad española?

El panadero, por Manuel Rodríguez de Guzmán.

Tejedora, por Panella.

Sátira del juicio romántico por amor, por Leonardo Alenza.

H.1 LA ENTREVISTA

Pregunta a tu compañero/a:

1.- ¿Qué es para ti...?

◆ Un cuadro pintoresco ....
....

◆ Un personaje pintoresco ....
....

◆ Una escena pintoresca ....
....

2.- ¿Qué personajes/paisajes pintorescos crees que encontrarías hoy en España?

3.- ¿Qué escena considerarías costumbrista en tu país, ciudad, etc?

ACTIVIDAD I: LA MAJA VESTIDA Y LA MAJA DESNUDA

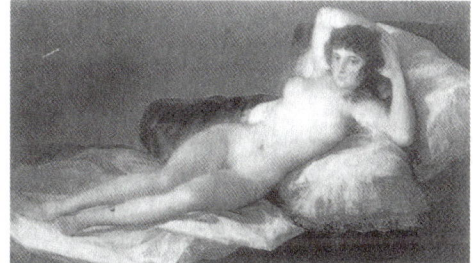

La maja desnuda y *La maja vestida*, por Goya

Lee las descripciones (ver página siguiente) que hacen de sí mismas las dos supuestas protagonistas de *La Maja*, de Goya.

1.- Ambas mujeres declaran que son la maja. ¿Quién crees que pudo ser la protagonista?

2.- Debate en clase el contenido de los textos.

LA DUQUESA

Goya me inmortalizó al hacerme unos retratos basados en dos versiones sobre una misma pose, uno en el que aparezco vestida de maja, y otro en el que me pinta completamente desnuda. Acepté posar para él siempre y cuando no desvelara nunca mi nombre y encubriera mi rostro con el de otra mujer.

Mi nombre es Cayetana, duquesa de Alba. Desvelar mi identidad en aquel momento no hubiera sido tan sólo un escándalo familiar y de corte, sino que hubiera puesto en peligro mi vida y la del pintor. Vivíamos un período de represión. Los cuadros de desnudos eran considerados inmorales y peligrosos por la sociedad y por los censores.

No me arriesgué, aunque admiraba a Goya tanto como hombre como por el artista que era. Todos conocían la relación de amor y de amistad que existió entre nosotros en los años 1795 a 1797. Representábamos el amor apasionado que rompe todas las barreras, él un plebeyo y yo una aristócrata. Como todas las historias románticas, nuestra relación fue apasionada y terminó pronto. Goya, sin embargo, me inmortalizó, y creó una leyenda que aún hoy perdura.

PEPITA, LA AMANTE DE GODOY

Todos piensan que la duquesa de Alba fue el modelo que pintó Goya. Mi nombre es Pepita Tudó. Nací en 1779. Cuando posé para Goya tenía 21 años y era la amante de Manuel Godoy, ministro y favorito del rey.

La amistad con Manuel fue por aquel entonces sincera. Godoy admiraba el arte y coleccionaba pinturas de desnudos, como la famosa *Venus del Espejo* de Velázquez. Quiso que me retratara desnuda con el único propósito de que mi belleza se viera reflejada en una obra de arte. Goya consiguió magistralmente plasmar mi juventud, mi rebeldía ante la sociedad, y mi seguridad ante un amor fuera de las convenciones.

Goya jugó con fuego al pintar este retrato. En 1814, la Inquisición se apoderó de las dos Majas. Fernando VII aisló al pintor de la actividad de la corte y confiscó las obras. Durante muchos años estuvieron confinadas en un cuarto oscuro al que sólo el rey tenía acceso. Desde 1900 ya podéis admirarme en el Museo del Prado, en Madrid.

❻ EL ARTE EN EL SIGLO XX EN ESPAÑA

SINOPSIS HISTÓRICA

La nueva sociedad nacida con la revolución industrial del siglo XIX da origen a una concepción del arte completamente distinta. El artista se siente portavoz de un sentimiento colectivo y quiere influir en el mundo que le rodea. Para ello, busca la innovación y la originalidad. Rompe con el academicismo y utiliza nuevos materiales y técnicas revolucionarias. Este proceso evoluciona con gran rapidez y da lugar a una fragmentación de movimientos artísticos muy interrelacionados.

MODERNISMO:

Surge en Europa a finales del siglo XIX y principios del XX. En España destacan Santiago Rusiñol y Ramón Casas. Arte antiburgués y bohemio, semejante al de Toulouse Lautrec. La arquitectura modernista dejó su huella sobre todo en Cataluña, con artistas como Antonio Gaudí. La fantasía de las formas está ligada al esteticismo y la exuberancia.

SIMBOLISMO:

Aparece en Europa en la segunda mitad del siglo XIX y desarrolla aspectos del romanticismo como el ensueño, la fantasía, el erotismo y la espiritualidad.
En España, Joaquín Mir y Nonell pintan en sus lienzos el lado más oscuro de la realidad: el mundo marginal.
La etapa azul de Picasso comparte esa visión pesimista. Sus personajes alegóricos representan la tristeza, la soledad, el amor y la muerte.

Parque Güell, detalle del Pabellón de entrada, por Antonio Gaudí.

EXPRESIONISMO:

El artista expresa desde su estado anímico la realidad que observa y nos ofrece su propio punto de vista.
José Gutiérrez Solana e Ignacio Zuloaga reflejan la cara oscura de una España de fin de siglo, que se cae a pedazos. Castilla con sus ciudades, gentes y costumbres representan el atraso, el aislamiento y la miseria. Frente a esta realidad, aparece otra, la España mediterránea de luz, agua, playas y color, pintada por Joaquín Sorolla.

CUBISMO:

España abandera el arte de vanguardia europeo con las figuras de Pablo Picasso y de Juan Gris.
El cubismo se caracteriza fundamentalmente por la unión de dos planos: el espacio pictórico y las figuras en formas horizontales y verticales, donde no existe un punto de vista único. El efecto tridimensional, la geometría y sobre todo las formas cúbicas dan nombre a este movimiento iniciado por Picasso y Bracque casi simultáneamente.
Escultores españoles como Manolo, Pablo Gargallo y Julio González se integran en los movimientos vanguardistas de París.

Personaje implorante, por Julio González.

Leda atómica, por Salvador Dalí.

SURREALISMO:

El psicoanálisis de Sigmund Freud desencadena un nuevo lenguaje basado en la liberación de la mente. El artista pretende expresar conceptos no tangibles como los sueños y el inconsciente.

Joan Miró crea un mundo onírico basado en el lenguaje de los signos, los ritmos y colores, y donde la figura humana no aparece.

Salvador Dalí materializa en el lienzo sus obsesiones: el sexo, la muerte, la materia, el tiempo.

EL ARTE ESPAÑOL DESPUÉS DE LA GUERRA CIVIL

INFORMALISMO:

Arte no figurativo que se engloba dentro de la corriente abstracta no geométrica. En España, incorpora aspectos tradicionales propios como lo dramático, la expresividad, Goya...

El grupo *El Paso* (1957), compuesto por Antonio Saura, Manolo Millares y pintores como Tàpies y Lucio Muñoz manifiestan a través del lenguaje del informalismo su compromiso político antifranquista.

Jorge Oteiza (1908) crea esculturas abstractas y experimentales en las que trata los problemas del espacio y del vacío.

PINTURA FIGURATIVA:

Paralelamente al arte abstracto van creciendo artistas figurativos muy realistas como Antonio López García (1936).

POP-ART:

Nuevos artistas reclaman la creación de un arte sin compromisos sociales.

Alfredo Alcaín y Luis Gordillo fueron los precursores de la nueva figuración de los ochenta.

Con Miquel Barceló y José María Sicilia, el arte rompe con el pasado y se compromete sólo con el arte y el color.

ACTIVIDAD A: LECTURA Y COMPRENSIÓN

Localiza en la Sinopsis histórica las siguientes definiciones.

1.- "Arte antiburgués y bohemio".

2.- "El artista expresa desde su estado anímico la realidad que observa y nos ofrece su propio punto de vista".

3.- "El efecto tridimensional, la geometría y, sobre todo, las formas cúbicas dan nombre a este movimiento".

4.- "Surge en Europa y desarrolla aspectos del romanticismo como el ensueño, la fantasía".

5.- "El psicoanálisis de Sigmund Freud desencadena un nuevo lenguaje basado en la liberación de la mente".

6.- "Arte no figurativo que incorpora aspectos tradicionales".

7.- "Es un arte sin compromisos sociales".

¿A qué tipo de arte se refieren las definiciones?

❏ Modernismo:
❏ Simbolismo:
❏ Expresionismo:
❏ Cubismo:
❏ Surrealismo:
❏ Informalismo:
❏ Figurativismo:
❏ Pop-Art:

ACTIVIDAD B: LOS PINTORES Y SUS IDEALES

ASOCIACIONES

En este ejercicio hay dos columnas, una con los movimientos artísticos: (A), y otra con nombres de artistas españoles: (B).

1.- Tienes que relacionar los movimientos con los artistas que les corresponden.
Ejemplo:

        Modernismo   a
        Simbolismo   b

2.- Completa los datos en la columna B. Para ello necesitas información que puedes encontrar en la Sinopsis histórica o ampliarla con la lectura de libros.

Para completar la columna (B) y efectuar las asociaciones, puedes formar grupos con tus compañeros.

       (A)   (B)

1.- CUBISMO: a.- Santiago Rusiñol: (arte antiburgués y bohemio. París, principios del siglo XX).

2.- EXPRESIONISMO: b.- Picasso: (etapa azul, personajes alegóricos) ....

3.- SURREALISMO: c.- Solana: ....

4.- MODERNISMO: d.- Sorolla: ....

5.- SIMBOLISMO: e.- Juan Gris: ....

6.- FIGURATIVISMO: f.- Gargallo: ....

7.- POP-ART: g.- Dalí: ....

h.- Joan Miró: ....

i.- Tàpies: ....

j.- Millares: ....

k.- Oteiza: ....

l.- Antonio López: ....

m.- Miquel Barceló: ....

n.- Gaudí: ....

ACTIVIDAD C: LA IMAGEN Y LA PALABRA

1.- Observa las siguientes obras pictóricas de autores españoles.

La Sagrada Familia, por Gaudí.

Las Señoritas de Avignon, por Pablo Picasso.

Niños en la playa, por Joaquín Sorolla.

El Cristo de la Sangre, por Zuloaga.

La masía, por Joan Miró.

2.- Relaciona cada obra y el autor con una de las descripciones que aparecen en el ejercicio.

3.- Algunos cuadros y autores no han sido comentados. ¿Te atreves a hacer las descripciones con tus compañeros?

¿QUÉ OBRA Y QUÉ AUTOR?

En este cuadro la perspectiva tradicional se descompone en múltiples puntos de vista. Las figuras de mujeres están distorsionadas y fragmentadas en planos tridimensionales.
Hay influencia del arte africano: las máscaras.

OBRA:

AUTOR:

El artista trabaja la piedra para comunicarse con la naturaleza. Representa un mundo de ensueño y evoca tiempos perdidos y fantásticos que nos llevan a la remota Edad Media.

OBRA:

AUTOR:

Son las emociones de un pintor valenciano al observar la luz sobre el mar Mediterráneo, la naturaleza, los objetos y los seres que pasean por las playas.

OBRA:

AUTOR:

En este cuadro, una de las obras más representativas de la primera época del pintor, la mirada naïf del autor se mueve libre en diferentes puntos de vista, alternando las formas y la disposición habitual de los objetos dentro de una atmósfera "onírica".

OBRA:

AUTOR:

COMENTARIO DE UN CUADRO:

....
....
....
....
....

OBRAS: (señalar en la página)

AUTOR: Zuloaga/Miró

ACTIVIDAD D: PICASSO Y *EL GUERNICA*

El Guernica, por Pablo Picasso.

El Guernica es una gran pieza mural (3,51 x 7,82 m) dominada por una rica gama de colores acromáticos (gris, negro, blanco) que infunden un gran dramatismo a la escena. El estilo es cubista y surrealista .

D.1 LOS SÍMBOLOS Y SU SIGNIFICADO

1.- ¿Qué sabes sobre *El Guernica*?

   Puedes encontrar información complementaria en:

   - *Historia del Arte español*, p-p: 205-209.
   - *Nexos*: Tema 6 de Historia: Sinopsis Histórica, *La Guerra Civil*.

2.- En el cuadro aparecen personajes y objetos simbólicos. ¿Cómo analizarías su significado?

3.- ¿Tienes más sugerencias?

PERSONAJES SIMBÓLICOS	SÍ / NO	SIGNIFICADO
Madre		Indiferencia ante el dolor humano.
Niño		Símbolo del futuro.
Hombre		La colectividad, el hombre universal.
Lámpara		Símbolo de la inteligencia y del espíritu.
Paloma		Libertad.
		Muerte sin esperanza.
Ventana		La conciencia de la humanidad.

Autorretrato, por Pablo Picasso.

D.2 LA ENTREVISTA

Ahora que sabes un poco más de Picasso y de su obra, haz una entrevista imaginaria al autor de *El Guernica*.

ENTREVISTADOR: ¿Qué le motivó a pintar este cuadro y por qué utiliza esos colores?

PICASSO: ....

E: ¿Es *El Guernica* un cuadro que representa el grito de horror de la guerra?

PICASSO: ....

E: ¿Qué personajes ha utilizado y qué simbología tienen en el cuadro?

PICASSO: ....

E: ¿Son símbolos universales?

PICASSO: ....

ACTIVIDAD E: UN ESCULTOR CON SENSIBILIDAD POÉTICA: EDUARDO CHILLIDA

Observa la escultura de Chillida "Peine del viento".

Eduardo Chillida.

Peine del viento, por Eduardo Chillida.

◆ La entrevista a Chillida hace referencia a algunos conceptos que están señalados en cursiva. ¿Podrías analizarlos con tus compañeros/as al observar la escultura?

◆ ¿Qué te sugiere el título de la escultura?

ENTREVISTA A EDUARDO CHILLIDA

Sin duda, la obra del escultor donostarria Eduardo Chillida es una de las más conocidas a nivel mundial en el laberinto de las artes *plásticas* de la segunda mitad del siglo XX. Su obra no sólo está en los museos de todo el mundo, sino que se ha introducido en los *espacios abiertos* de la ciudad. La escultura *Peine del viento* se abre como un interrogante dirigido al *mar de San Sebastián*.

ENTREVISTADOR: ¿Cuál es tu material preferido tras 50 años de oficio y de trabajo en la escultura?

CHILLIDA: El material más importante para mí ha sido el *hierro*. Es duro, pero obediente. Para que lo sea, tiene que estar caliente. Si me lo quitan, me quedo sin la posibilidad de haber hecho muchas cosas. El hierro ha sido un material decisivo. El hormigón también me gusta mucho.

El *espacio* de la escultura de Chillida no es el espacio de las tres dimensiones, del volumen, sino más bien la consideración del *vacío* como algo dinamizador, y... los *materiales*, su peso, su textura... lo que nos lleva a una consideración de la capacidad del tacto.

CH: El tacto es más que un sentido, es una interacción de los sentidos. Yo he manejado siempre medidas o he estado en las medidas que pueden ser entendidas y transmitidas a través de la sensibilidad.

DE BARAÑANO, Kosme: Revista *Descubrir el Arte*: "Eduardo Chillida, Trabajo para aprender", Número 1, marzo 1999, p-p: 18-21. Textos adaptados.

ACTIVIDAD F: TÀPIES EL PINTOR DE LA MATERIA Y EL CONCEPTO

Observa el cuadro de Tàpies.

Lee el cuadro que proponemos para ayudarte.

Analiza los signos del cuadro.

¿Qué quiere expresar el artista con este cuadro y con el mensaje escrito en el trozo de periódico?

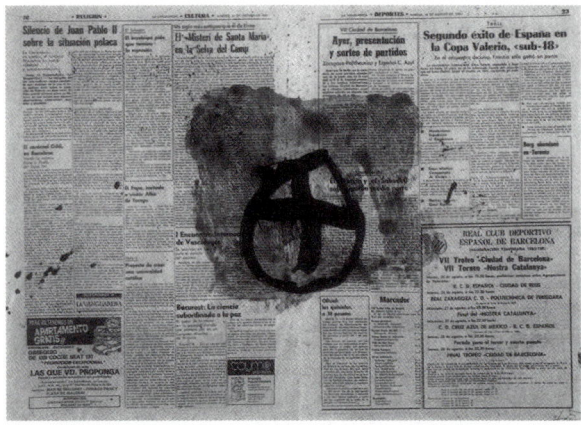

Creu y Cercle, por Tàpies.

TÀPIES

La historia y la formación de este artista hay que relacionarla con la historia que le ha tocado vivir: Guerra Civil española, posguerra y el período democrático.

En 1945 inicia su dedicación a la pintura y su experimentación con materiales. Mezclaba pintura al óleo con polvos de mármol. Siguiendo la técnica del collage, introduce cuerdas, arroz, papel higiénico... En su producción aparecen los signos de la cruz, los ojos, la estrella, sexos, la luna, las manos.

A partir de 1953 comienza una nueva etapa y se suma al movimiento informalista. La materia y el gesto dan la posibilidad de transformar la superficie del cuadro en una textura sin límites. Tàpies no abandona su mundo de símbolos y sigue trabajando con las mismas materias.

En los años ochenta hay una referencia constante a temas como las enfermedades, la muerte, el sexo... Utiliza de nuevo símbolos como la cruz, los números, papeles, cadenas, etc. Técnicamente incorpora los barnices, la pintura con spray, la goma espuma y la esponja.

JULIÁN, Inmaculada: Revista *Descubrir el Arte*: "Tàpies o el amor a la materia", número 3, mayo 1999, p-p: 30-38. Textos adaptados.

Literatura

❶ LAS LETRAS ESPAÑOLAS EN LA EDAD MEDIA

SINOPSIS LITERARIA

La literatura en lengua castellana nace en el siglo XI. Se desarrolla en varios géneros: la épica, la lírica, el teatro y la prosa. El contenido de este capítulo se desarrollará teniendo en cuenta el orden temático por géneros literarios.

1.- LA ÉPICA

La razón de la existencia de este género es, fundamentalmente, la necesidad del hombre medieval de contar y escuchar historias, las cuales, además de divertir, informaban sobre los hechos históricos como batallas y hazañas de los héroes nacionales. La transmisión era oral y los juglares utilizaban un estilo sencillo a través del verso rimado que el pueblo entendía y memorizaba fácilmente.

Miniatura que representa una escena de vida cotidiana en la época medieval.

Los poemas pueden ser épicos como los del *Mester de Juglaría* con sus Cantares de Gesta, como *El Poema de Mio Cid*, o bien líricos como los del *Mester de Clerecía*, cuyos mayores representantes son un monje, Gonzalo de Berceo (siglo XIII) con *Los Milagros de Nuestra Señora*, y el Arcipreste de Hita con *El Libro de Buen Amor* (siglo XIV).

2.- LA LÍRICA

Sus orígenes se encuentran en la necesidad popular de expresar emociones y sentimientos: el amor, la muerte, el paso de las estaciones, las celebraciones religiosas. La diversidad cultural de la Península Ibérica produce distintas formas de manifestación lírica.

En el sur de España aparecen los primeros versos en lengua romance insertados en canciones árabes. La protagonista es la mujer mozárabe que expresa sus sentimientos en las *Jarchas*.

En el norte peninsular surge la *lírica galaico-portuguesa*. En la lengua gallega, la mujer expresa su dolor o su alegría por el amado en *La Canción de Amigo*.

En la zona central de la Península surge la lírica tradicional castellana, escrita por cortesanos en el primitivo idioma castellano. Toman modelo en los patrones del amor cortés de los trovadores provenzales. Destaca Jorge Manrique con *La danza de la Muerte* y las *Coplas a la muerte de su padre*, y Juan de Mena con el *Laberinto de la Fortuna*.

3.- EL TEATRO

Nació al igual que el teatro europeo dentro de las iglesias como manifestación expresiva y de acompañamiento de los textos bíblicos.

El primer drama litúrgico (siglo XIII) es el *Auto de Los Reyes Magos*, de autor anónimo. El paso del teatro religioso medieval al teatro como acto representativo se produce en el siglo XVI. Son obras que se llaman *Églogas* o *Autos* y que se escriben para un público cortesano.

Juan de la Encina escribe por primera vez este tipo de teatro para los duques de Alba y sus obras se escenifican en el palacio. A este tipo de público le interesa tanto la poesía religiosa y cortesana como un teatro "cortés" que trata sobre el amor entre los personajes.

4.- LA PROSA

Evoluciona con Alfonso X de Castilla (1221-1284), quien crea la Escuela de Traductores de Toledo, donde se van a fijar y establecer las primeras normas lingüísticas y ortográficas de la prosa española. Bajo la dirección de este rey se escribieron *La General Estoria, Crónica General, Libro de Ajedrez, dados, tablas* y *Las Partidas*.

El primer trovador fue Guillermo de Aquitania, "Conde de Poitiers". Generalmente, los trovadores eran gentes de alta alcurnia.

Los juglares eran músicos cantores. En la Edad Media hay multitud de tipos de juglares como el *juglar de gestas* y el *juglar de lírica*.
El juglar de corte: estaba al servicio del señor feudal que era trovador.

Durante el siglo XIII la cultura se centra en los monasterios adonde acudían fieles por su devoción mariana.
Como ejemplo de monje tenemos a Gonzalo de Berceo. Era un monje culto que vivía en San Millán de la Cogolla, La Rioja.

ACTIVIDAD A: ¿CÓMO SE ESCRIBE? ¿POR QUÉ SE ESCRIBE?

Forma grupos con tus compañeros y haced una lectura de la Sinopsis literaria.

◆ ¿Cuántos géneros literarios aparecen en la Sinopsis?

◆ Distingue según el contexto cada uno de los géneros literarios medievales:

Miniatura que representa la poesía amorosa.

❑ Lírica.
❑ Épica/Narrativa.
❑ Teatro.

A.-Se escribe en verso y expresa los sentimientos internos del autor junto con sus emociones ante el mundo exterior.

B.-Obra narrada en verso y que cuenta las hazañas de héroes o hechos históricos.

C.-El autor a través del diálogo de los personajes comunica al público y expresa un drama religioso

ACTIVIDAD B: LA IMAGEN Y LA PALABRA

1.- Identifica cada género literario con un símbolo

❑ El vídeo.
❑ El periódico.
❑ Las revistas del corazón.
❑ Las romerías.
❑ Los bailes.
❑ El carnaval.
❑ Las canciones de amor.
❑ La Iglesia.
❑ La Biblia.
❑ Los coros.

A.- Mester de juglaría
B.- Mester de Clerecía
C.- Lírica popular.
D.- Teatro medieval.
E.- La prosa.

Fortaleza-castillo de la época medieval.

2.- Observa las fotografías. ¿Qué comentarios puedes hacer con tus compañeros sobre estas imágenes relacionándolas con las correspondencias que habéis hecho?

El Cid, en el *Libro de los retratos de los reyes*.

Retrato de Jorge Manrique.

Triptico de los Reyes Magos, Covarrubias (Burgos).

ACTIVIDAD C: ¿SABES QUIÉNES SON...?

1.- El monje que escribe sobre los Milagros.

2.- El Arcipreste que escribe sobre el amor.

3.- Las autoras de poemas de amor.

4.- Poetas cortesanos que escriben sobre Castilla y la vida medieval.

5.- Las representaciones litúrgicas.

6.- El rey que escribía en prosa castellana.

❏ Gonzalo de Berceo.

❏ Jarchas.

❏ Lírica Galaico-portuguesa.

❏ Juan Ruíz.

❏ Jorge Manrique.

❏ Auto de los Reyes Magos.

❏ Alfonso X, el Sabio.

ACTIVIDAD D: HISTORIA Y LITERATURA

¿En qué período de la historia nos encontramos?

1000	1500	1600	1700	1800-1850	1900
S. X-XV	S. XVI	S. XVII	S. XVIII	S. XIX	S. XX
Edad Media.	Renacimiento.	Barroco.	Neoclasicismo.	Romanticismo/ Realismo/ Naturalismo.	

D.1 EJERCICIO ESCRITO Y EXPOSICIÓN

◆ Analiza con tus compañeros las características históricas y políticas de la Edad Media. Sugerimos la consulta de la Sinopsis del capítulo 2 de la Historia de España.

◆ ¿Crees que hay una relación directa entre la historia y la literatura?

Temas de estudio:

◆ La Edad Media: La organización social.
◆ La convivencia intercultural en Hispania.
◆ El Camino de Santiago y la apertura a Europa.
◆ La Reconquista.

ACTIVIDAD E: EL JUGLAR Y EL CID

Puedes elegir uno de los dos poemas pertenecientes al *Poema de Mio Cid* (pág. siguiente) y comentarlo en grupo. Antes de comenzar, leed los poemas y completad este cuadro sobre:

1.- El autor y la obra:

MESTER DE JUGLARÍA: OBRA.	
ÉPOCA:	
AUTOR:	
MÉTRICA:	Es irregular, predominan los versos entre 13 y 16 sílabas.
TEMAS:	
LENGUAJE:	
OBJETIVOS:	

2.- ¿Sabes cuál es el argumento?

3.- ¿Qué tema o temas son los principales? (Indicad a qué texto pertenecen: A/B).

❑ El amor.   ❑ El vasallo.
❑ La muerte.   ❑ El héroe.
❑ Dios.   ❑ El padre y esposo.
❑ El rey.

Comenta:

■ El planteamiento:

◆ ¿Cómo narra la acción?
◆ ¿Quiénes son los personajes principales?
◆ ¿Cómo está caracterizado el héroe?

■ El desarrollo:

◆ ¿Cómo son las reacciones de los personajes?

■ El desenlace:

◆ Es... feliz, desgraciado.

La jura de Santa Gadea, litografía del siglo XIX.

■ Los recursos estilísticos:

◆ ¿Dónde encuentras...

❑ Símil o comparación.   ❑ Personificación.
❑ Metáfora.   ❑ Ironía.
❑ Antítesis.   ❑ Símbolo.
❑ Hipérbole.

Busca en el texto:

❑ La historia.
❑ Las costumbres medievales.
❑ Las relaciones feudales de un guerrero medieval.
❑ El amor.
❑ La guerra.

A.- *LA DESPEDIDA: EL DESTIERRO*	B.- *LA BATALLA*
Mio Cid Rodrigo Díaz en Burgos se entró, sesenta pendones en su compañía van; se asomaban a verlo mujeres y varones, burgueses y burguesas desde las ventanas le ven] llorando de sus ojos, tanto era su dolor. En sus bocas todos tenían una sola razón Dios, que buen vasallo, si tuviese buen señor!, La oración hecha, la misa acabada ya, salieron de la iglesia, dispuestos a cabalgar. El Cid a Doña Jimena, íbala a abrazar; Doña Jimena al Cid, la mano le va a besar, llorando de sus ojos, sin saber que hacer más. Y él a las niñas volviólas a mirar; A Dios os encomiendo y al Padre Espiritual; ahora nos separamos, Dios sabe ajuntar. Llorando de sus ojos, como nunca se vio tal, así se separan unos de otros, como la uña de la carne.] Mio Cid con sus vasallos principia a cabalgar, esperando a que le alcancen la cabeza va volviendo atrás.	Como combatía el Cid en la famosa batalla que ganó a los moros en Alcocer: Embrazan los escudos, delante los corazones; abaten las lanzas, envueltos los pendones, las caras bien inclinadas encima de los arzones, preparánse a acometer con fuertes corazones. Con grandes voces llama el que en buena hora nació: ¡Heridlos, caballeros, por amor del creador! ¡Yo soy Ruiz Díaz el Cid de Vivar Campeador! Veríais tantas lanzas unirse y levantarse, tanta adarga romper y traspasar, tanta loriga quebrar y deshacer, tantos pendones blancos salir tintos de sangre, tantos buenos caballos sin dueños andar. Los moros gritan ¡Mahoma! y los cristianos ¡Santiago! Caídos por el campo en un poco de lugar moros muertos mil y trescientos ya.

Debate:

A.- La reconquista: "Los moros gritan ¡Mahoma! y los cristianos ¡Santiago!
B.- La expresividad del juglar daba sensaciónes, colores y formas al poema: "Así se separan unos de otros, como la uña de la carne".
C.- La relación feudal: Dios, Señor-rey, Vasallo.

ACTIVIDAD F: EL MONJE Y EL ARCIPRESTE

Elige uno de los dos textos y coméntalo con tu grupo. Completad este cuadro sobre:

1.- El autor y la obra

EL MESTER DE CLERECÍA	
TEXTO:	
ÉPOCA:	
AUTOR:	
MÉTRICA:	Regular. Estrofa de Cuaderna Vía: cuatro versos alejandrinos (14 sílabas) monorrimos.
TEMAS:	Religiosos.
LENGUAJE:	Es popular con palabras nuevas y cultismos.
MENSAJE:	Adoctrinar al pueblo.

2.- ¿Sabes cuál es el argumento?

3.- ¿Qué tema o temas son los principales?

Texto A:

❏ El amor a Dios.
❏ El amor de un hombre a una mujer.
❏ Una conversación entre madre e hijo.
❏ Los consejos a un enamorado.

Comenta:

◆ El planteamiento.
◆ El desarrollo.
◆ El desenlace.
◆ Los recursos estilísticos.

Busca en el texto:

Texto A:

❏ La sensualidad en el amor.
❏ Las tácticas para enamorar.
❏ Los gestos y expresiones corporales como manifestación de los sentimientos.

Eclesiásticos y seglares en una
pintura del siglo XIII.

Texto B:

❏ El "Locus amoenus" (lugar apacible semejante al Paraíso).
❏ Las sensaciones corporales: el calor, el olfato, el sonido, el color.
❏ La romería.

Los autores.

¿Qué diferencias y similitudes encuentras entre Gonzalo de Berceo y El Arcipreste de Hita?

TEXTO A

LIBRO DE BUEN AMOR

Preguntas del enamorado don Melón a Trotaconventos, la vieja tercera.

– "Madre ¿vos no podéis conocer o acertar
si esta señora me ama, o si me querrá amar?
Que quien amores tiene no los puede celar
en gestos o en suspiros, o en color, o en hablar".
– "Amigo" diz la vieja, "de ella yo bien lo creo,
que os quiere y que os ama, de vos tiene deseo;
cuando de vos le hablo, en su cara lo veo,
todo se le demuda el color y el deseo.
Cansada algunas veces del mucho hablar, me callo;
ella pide que siga y no quiera dejarlo.
Hago que no me acuerdo: ella va a comenzarlo
Me escucha dulcemente, muchas señales hallo.
A mi cuello se abraza, me echa sus brazos ambos;
así una gran pieza, juntas estamos.
Siempre de vos decimos, nunca otra cosa hablamos,
mas cuando alguno viene, otra razón mudamos.
Los labios de la boca le tiemblan un poquillo,

el color se le muda, ya rojo, ya amarillo,
el corazón le salta ligero a menudillo.
Si digo vuestro nombre, cuando lo estoy diciendo
me contempla y suspira, y se está conteniendo,
aviva más el ojo y está toda bullendo,
¡parece que con vos no se estaría durmiendo!
– "Señora madre vieja, placer y gloria mía,
por vos mi esperanza siente ya mejoría;
gracias a vuestra ayuda, ya crece mi alegría,
¡no os canseis vos, madre, seguidla cada día!"

(Arcipreste de Hita)

TEXTO B

Yo, maestro Gonzalo de Berceo nombrado,
yendo en romería caí en un prado
verde y muy intacto, de flores muy poblado,
lugar codiciable para hombre cansado.

Daban olor grande las flores bien olientes,
refrescaban en el hombre las caras y las mentes,
manaba cada piedra fuentes claras corrientes,
en verano bien frías, en verano calientes.

(Gonzalo de Berceo)

ACTIVIDAD G: LA LÍRICA ESCRITA POR MUJERES

TEXTO A

LAS JARCHAS

1.- ¿Qué faré, mamma?   *TONTO*   2.- ¡Ven, ya sahhara!
    Meu-l-habib est'ad yana.   Alba K'est con bel vigore,
                                                   cando ven pidi amore.

(Qué haré, madre?   (¡Ven, hechicero!
    Mi amado está a la puerta).   Alba que tiene bello vigor,
                                                   cuando viene pide amor).

TEXTO B

CANTIGA DE AMIGO

Ondas do mar de Vigo   Ondas del mar de Vigo
(Lengua gallega)   (Lengua castellana)

Quantas sabedes amar amigo   Cuantas sepáis amar a un amigo
treides comig'a lo mar de Vigo,   veníos conmigo al mar de Vigo
e banhar-nos emos nas ondas.   y nos bañaremos en las olas.

Quantas sabedes amar amado   Cuantas sepáis amar a un amado
treides comig'a lo mar levado,   veníos conmigo al mar alzado,
e banhar-nos emos nas ondas.   y nos bañaremos en las olas.

Treides comig'a lo mar de Vigo,   Veníos conmigo al mar de Vigo,
e veeremo-lo meu amigo,   y veremos a mi amigo,
e banhar-nos emos nas ondas.   y nos bañaremos en las olas.

Treides comig'a lo mar levado,   Veníos conmigo al mar alzado,
e veeremo-lo meu amado,   y veremos a mi amado,
e banhar-nos emos nas ondas.   y nos bañaremos en las olas.

Forma grupos con tus compañeros para leer los dos textos A/B.

1.- Comenta sobre el autor y la obra.

   ◆ ¿Quién expresa los sentimientos?
   ◆ ¿Cómo se narra la acción?
   ◆ ¿En qué zonas geográficas de la
      Península Ibérica se desarrolla cada
      uno de los poemas?

2.- ¿Qué tema o temas son los principales en ambos poemas?

❑ La enamorada triste que busca al amado.
❑ La sensación de angustia y desolación.
❑ La enamorada que pide consejos de amor.

3.- Investiga sobre...

◆ ¿Crees que la jarchas y sus temas de amor pudieron influir en la poesía galaico-portuguesa?

◆ ¿El camino de Santiago pudo influir en el intercambio cultural entre Oriente y Occidente?

◆ La lírica tradicional culta y los Cancioneros.

4.- Crea:

◆ En el amor, ¿cambian los sentimientos y formas de expresión con el paso de los siglos?

◆ ¿Cómo escribirías un poema de amor poniéndolo en relación con la naturaleza, la rima y los recursos estilísticos?

ACTIVIDAD H: LA LÍRICA TRADICIONAL: DE LOS CANTARES DE GESTA AL ROMANCERO

ÉPOCA:	
AUTOR:	
TEMAS:	
MÉTRICA:	
OBJETIVOS:	

1.- ¿Qué son los romances?

a.- Composiciones épico líricas.   b.- Composiciones líricas.   c.- Composiciones épicas.

2.- ¿Cómo surgen los romances?

a.- Son parte de los largos cantares de gesta.
b.- Surgen de la tradición oral.
c.- Son cantares cortesanos y escritos.

3.- ¿Qué diferencias existen entre el romancero viejo y el romancero nuevo?

4.- Informate sobre...

Los temas de los romances:

        a.- Épicos y heroicos.
        b.- Fronterizos y moriscos.
        c.- Líricos-novelescos.

5.- Lee el romance que aparece a continuación. ¿Qué temas trata?

6.- Comenta en grupos:

◆ ¿Qué ciudades con sus monumentos artísticos aparecen el texto?

◆ Observa las fotografías del tema 3 de Arte y comenta con tus compañeros las palabras de Abenámar que hacen referencia a la belleza del arte árabe en España.

H.1 LITERATURA Y POLÍTICA

La situación política de la España medieval queda reflejada en el poema.
En 1431 el rey Juan II ayudó al infante moro Abenámar a obtener el trono de Granada.

◆ ¿Cómo eran las relaciones entre moros y cristianos en este período de la historia?

ROMANCE DE ABENÁMAR Y EL REY DON JUAN

¡Abénamar, Abenámar,
 moro de la morería,
el día que tú naciste
grandes señales había!
Estaba la mar en calma,
la luna estaba crecida,
moro que en tal signo nace
no debe decir mentira.

– No te la diré señor,
aunque me cueste la vida.

– Yo te agradezco, Abenámar,
aquesta tu cortesía.
¿ Qué castillos son aquéllos?
¡Altos son que relucían!
– El Alhambra era, señor,
y la otra, la mezquita;
los otros, los Alixares,
labrados a maravilla.
El moro que los labraba,

cien doblas ganaba al día,
y el día que no los labra
otras tantas se perdía;
desque los tuvo labrados,
el rey le quitó la vida
porque no labre otros tales
al rey del Andalucía.
El otro es Torres Bermejas,
castillo de gran valía;
el otro Generalife,
huerta que par no tenía.
Allí hablara el rey don Juan,
bien oiréis lo que decía:

– Si tú quisieras, Granada,
contigo me casaría;
daréte en arras y dote
a Córdoba y a Sevilla.

– Casada estoy, rey don Juan,
casada soy, que no viuda;

el moro que a mí me tiene
muy grande bien me quería.
Hablara allí el rey don Juan,
estas palabras decía:
– Échenme aquí mis lombardas
doña Sancha y doña Elvira;
tiraremos a lo alto,
lo bajo ello se daría.
El combate era tan fuerte
que grande temor ponía.

❷ EL RENACIMIENTO LITERARIO

SINOPSIS LITERARIA

Con la conquista de América, aparte del desarrollo geográfico, se produce una expansión lingüística favorecida por el invento de la imprenta y por la aparición del humanismo.

● TRANSICIÓN: *LA CELESTINA*

Fernando de Rojas, el autor de *La Celestina* (1500) refleja en su obra el período histórico de transición entre la Edad Media y el Renacimiento. La vieja Celestina nos muestra cómo la vida medieval queda atrás y cómo la siguen en sus andaduras otros personajes que se lanzan a experimentar una existencia más placentera donde realidades como el dinero, el poder y las pasiones sustituyen al ascetismo medieval.

Fernando de Rojas plantea su obra como clásica. La *comedia humanística* era un ejercicio que se practicaba en las escuelas para aprender latín. El autor escribe la obra en romance para que la puedan entender los lectores a los que va dirigida y a los que ha de servir de ejemplo.

● LA LÍRICA PROFANA

Llegan de Italia nuevas corrientes literarias que transforman el concepto de poesía. Surge un nuevo estilo en el que los autores se inspiran en la naturaleza, en el amor platónico, en temas mitológicos. La versificación adopta formas revolucionarias como el *soneto*, liras, tercetos.
Poetas innovadores como Boscán y Garcilaso de la Vega inician esta corriente que continuarán otros grandes escritores como Fernando de Herrera y Fray Luis de León.

● LA LÍRICA MÍSTICA

Escritores religiosos crean una literatura mística con la que comunican sus experiencias personales y espirituales. Santa Teresa de Jesús (1515-1582) expresa a través de la poesía y de la prosa espontánea el deseo de unión con Dios. San Juan de la Cruz (1542-1591) transmite en sus obras su gran cultura con la que crea un mundo de *símbolos*.

Retrato de Santa Teresa.

● EL TEATRO PROFANO

El teatro religioso medieval se transforma a partir del siglo XV. Los temas que trata son profanos y populares. Autores como Juan de la Encina introducen el tema del amor. Lope de Rueda trae a España las modas italianas durante la primera mitad del siglo XVI. Este autor escribe en prosa en vez de en verso e inicia un nuevo género llamado *entremés*.

● LA NOVELA

España cultiva este género escrito en prosa literaria con grandes dosis de imaginación y de realismo.

Portada del libro *El Ingenioso Hidalgo Don Quijote de La Mancha*, de Miguel de Cervantes.

◆ LA NOVELA DE CABALLERÍAS

El Quijote, de Miguel de Cervantes, contiene en sus páginas temas sentimentales, moriscos, pastoriles, pero se clasifica dentro del género de las llamadas *novelas de caballería*. Don Quijote es un caballero andante que vive alocadas aventuras con el único fin de conquistar el amor platónico de su enamorada.

◆ LA NOVELA PICARESCA

El Lazarillo de Tormes (1554), obra de autor desconocido es el origen de la *novela picaresca*. El autor nos presenta una realidad que huye de los hechos fantásticos propios de la novela caballeresca. Sigue las corrientes intelectuales del erasmismo, por las que intenta moralizar al público lector. Los personajes y el marco donde se desarrolla la acción son un reflejo de la España del momento, el siglo XVI.

● EL HUMANISTA Y LA PROSA

El humanista no estudia las letras divinas ni la teología como el escritor medieval; le interesa el *ser humano*. Este hecho revoluciona el mundo literario: la preocupación del hombre es sobre el hombre y sobre el individuo como individuo no como una tipificación.

Juan de Valdés escribe el *Diálogo de la Lengua* (1534) y establece las normas del *ensayo literario*. Expone y argumenta temas muy variados con una gran claridad en la prosa, con un afán didáctico. La subjetividad se manifiesta en la aparición de recursos literarios como imágenes, alegorías, contraposiciones, ironía.

● LOS PROTAGONISTAS

Son los *personajes*. Todos ellos tienen un nombre, una biografía única e individual. Los personajes van creciendo. No son de una forma determinada sino que se van haciendo conforme se desarrolla el argumento de la obra.
El autor pone voz propia a sus personajes. Narra en primera persona las autobiografías, las cartas, los diálogos, las novelas, las obras de teatro.

ACTIVIDAD A: LA IMAGEN Y LA PALABRA

1.- Después de leer la Sinopsis literaria observa la serie de fotografías de la unidad, en las que aparecen autores, obras, personajes o ciudades que se relacionan con ellos.

Corral de comedias.

2.- Identifica cada género literario con un símbolo y un autor.

❏ Miguel de Cervantes, la novela de caballerías.
❏ Poesía mística.
❏ El teatro innovador "el entremés".
❏ La novela picaresca.
❏ La lírica italianizante "el soneto".

ACTIVIDAD B: LOS GRANDES CAMBIOS

◆ ¿Crees qué ha cambiado la concepción del mundo y del arte en el hombre renacentista con respecto al medieval?

◆ ¿En qué aspectos?

◆ ¿Qué corriente intelectual procedente de Italia revolucionó el pensamiento y la forma de escribir?

◆ ¿Por qué *La Celestina* es una obra de tránsito entre estos dos períodos?

◆ Selecciona algunas obras y autores y comenta cómo se ven estos conceptos en las siguientes obras.

❏ Mundo: ❏ *La Celestina*.
❏ Hombre: ❏ *El Lazarillo*.
❏ Dios: ❏ *El Quijote*.
                            ❏ En la poesía de Garcilaso.

Molino de viento de La Mancha.

ACTIVIDAD C: HISTORIA Y LITERATURA

¿En qué período de la historia nos encontramos?

1000	1.500	1600	1700	1800-1850	1900
S. X-XV	S. XVI	S. XVII	S. XVIII	S. XIX	S. XX
Edad Media.	Renacimiento.	Barroco.	Neoclasicismo.	Romanticismo/ Realismo/ Naturalismo.	

◆ Analiza con tus compañeros las características del Renacimiento y de la nueva ideología emergente. Leed y comentad el capítulo 4 de Arte y la Sinopsis. ¿Cómo aplicarías estos cambios a la literatura?

Temas de estudio:

◆ La conquista y la expansión española más allá de sus fronteras.
◆ La lucha interna entre las tres religiones que convivían: cristianos viejos, judíos conversos, musulmanes.

◆ La crisis social y económica y las nuevas clases sociales en el siglo XVI: *El Lazarillo*.

◆ La crisis política en los comienzos del siglo XVII y la decadencia del imperio: *El Quijote*.

ACTIVIDAD D: *LA CELESTINA*, OBRA ACTUAL

1.- Lee los distintos puntos de vista de los espectadores (página siguiente) y diseña la cartelera para la próxima representación de la obra *La Celestina*.

CARTELERA

EL SÁBADO 20 DE OCTUBRE DE 1999, A LAS 20 HORAS
VOLVERÁ A ESTRENARSE DESPUÉS DE 500 AÑOS,

LA CELESTINA

■ AUTOR:

■ ÉPOCA:

■ PERFIL DE LA PROTAGONISTA:

■ ¿POR QUÉ CREES QUE LA OBRA SIGUE SIENDO INTERESANTE?

■ ARGUMENTO:

Grabado antiguo que representa una escena de *La Celestina*.

La Celestina es la obra que marca el inicio del teatro moderno. Escrita por Fernando de Rojas y publicada en Burgos en 1499, se trata de una composición en prosa. El precio de las entradas es de 1.200 y 1.600 pesetas.

ENTREVISTADOR: ¿Por qué tiene interés por esta obra?

PÚBLICO: Creo que, aunque han pasado 500 años, tanto el argumento como las relaciones entre los personajes siguen teniendo vigencia en la actualidad.

E: ¿Por qué la Celestina, que no es más que una vieja alcahueta, maestra en las artes del amor y en los hechizos, es uno de los tres grandes mitos de nuestra literatura junto a Don Quijote y a Don Juan?

P: Es un personaje clave en la historia de amor y muerte de Calixto y Melibea. El joven Calixto se enamora de una dama adolescente, Melibea, a la que declara su amor. Al ser rechazado acude a pedir ayuda a una vieja mujer conocida en la ciudad por sus múltiples oficios y de nombre Celestina.

E: ¿Qué símbolos de la nueva sociedad moderna aparecen de la mano de Celestina?

P: Celestina logra que la doncella acceda a las pretensiones del enamorado, y recibe dinero a cambio. El símbolo del dinero produce una cadena causa-efecto que desemboca en codicia, es lealtad y engaño entre los personajes, todo ello hace que la acción termine en tragedia. Otros símbolos los encontramos en palabras que marcan el comportamiento de los personajes como son destino, libertad, individualidad y rebeldía.

ACTIVIDAD E: LAS HISTORIAS DE LÁZARO

Elige con tus compañeros uno de los textos seleccionados sobre *El Lazarillo de Tormes*. Después de completar las casillas del siguiente cuadro ¿Cómo describirías el episodio de *El Lazarillo*.

A	Orígenes de Lázaro	• ¿Dónde nació? • ¿Cómo se llaman los protagonistas? • ¿A qué se dedican?	• ¿Por qué se introduce en la novela el origen del protagonista?	Vocabulario
B	Lázaro y el ciego	• ¿Dónde se desarrolla la acción? • ¿Qué burla le hace a Lázaro el ciego? • ¿Qué aprende de esta lección?	• ¿Qué significado tiene la frase *avivar el ojo y avisar; pues solo soy*?	Vocabulario
C	Lázaro y las uvas			Vocabulario
D	El escudero y Lázaro	• ¿Cuál es el tema principal del relato? • ¿A qué se dedica Lázaro? • ¿Qué es la honra para el escudero? • ¿Qué puntos en común tienen el amo y el criado?	• ¿Qué significado tiene: *No sepan que vives conmigo, por lo que toca a mi honra*?	Vocabulario

MIGUEL DE CERVANTES	
Su vida:	• Comenta el título del artículo. • ¿Miguel, quería ser escritor o soldado? • ¿Qué aventuras tuvo como soldado? • ¿Qué le motivó a escribir? • ¿Crees que era un hombre muy observador de la realidad? • ¿Era fantástico e imaginativo?
Su obras:	
Estilo:	
Temas:	
Lenguaje:	
Los personajes:	

2.- Leed los siguientes fragmentos de *Don Quijote de La Mancha*.

TEXTO A

EL DESENGAÑO

Come, Sancho amigo –dijo Don Quijote–, sustenta la vida, que más que a mí te importa, y déjame morir a mí a manos de mis pensamientos y a la fuerza de mis desgracias. Yo, Sancho, nací para vivir muriendo, y tú para morir comiendo, y porque veas que te digo verdad en esto, considéranme *impreso* en historias, famoso en las armas, *comedido* en mis acciones, respetado de príncipes, solicitado de doncellas; al cabo, cuando esperaba *palmas*, triunfos, *granjeadas* y merecidas por mis valerosas *hazañas*, me he visto esta mañana pisado y *acoceado* y *molido* de los pies de animales inmundos y *soeces*. Esta consideración me *embota* los dientes, *entorpece* las muelas, y *entomece* las manos, y quita de todo en todo la gana del comer, de manera que pienso dejarme morir de hambre, muerte la más cruel de las muertes.

De esa manera –dijo Sancho, sin dejar de *mascar apriesa*– no aprobará *vuestra merced* aquel refrán que dice "muera Marta, y muera harta". Yo, a lo menos, no pienso matarme a mí mismo; antes pienso hacer como el zapatero, que tira el cuero con los dientes hasta que le hace llegar donde él *quiere*; yo tiraré mi vida comiendo hasta que llegue al fin que le tiene determinado el cielo; y sepa, señor, que no hay mayor locura que la que toca en querer desesperarse como vuestra merced, y créame, y después de comido, échese a dormir un poco sobre los colchones verdes destas hierbas, y verá cómo cuando despierte se halla algo más *aliviado*.
Hízolo así Don Quijote, pareciéndole que las razones de Sancho más eran de filósofo que de *mentecato*.

(II, cap. LIX)

Texto B

La singular batalla del caballero contra un rebaño de ovejas

Estaba Sancho Panza *colgado* de sus palabras, sin hablar ninguna, y, de cuando en cuando, volvía la cabeza a ver si veía los caballeros y gigantes que su amo nombraba; y como no descubría a ninguno, le dijo:

– Señor, *encomiendo* al diablo hombre, ni gigante, ni caballero de cuantos vuestra merced dice parece que todo esto; a lo menos, yo no los veo; quizá todo debe ser encantamiento, como los fantasmas de anoche.
– ¿Cómo dices eso? –respondió don Quijote–. ¿No oyes el *relinchar* de los caballos, el tocar de los clarines, el ruido de los tambores? (...) El miedo que tienes –dijo don Quijote– te hace, Sancho, que ni veas ni oyas a derechas (...).

Y diciendo esto, puso *las espuelas* a Rocinante y, puesta la lanza en el *ristre*, bajó de la *costezuela* como un rayo. Diole voces Sancho, diciéndole:

– ¡Vuélvase *vuestra merced*, señor don Quijote, que voto a Dios que son carneros y ovejas las que va a *envestir*! ¡Vuélvase, desdichado del padre que me engendró! ¿Qué locura es ésta?

Ni por ésas volvió don Quijote; antes, en altas voces iba diciendo:
– ¡Ea, caballeros, los que seguís y *militais* debajo de las banderas del valeroso emperador Pentapolín del Arremangado Brazo, seguidme todos; veréis cuán fácilmente le doy venganza de su enemigo Alifanfarón de la Trapobana!
Esto diciendo, se entró por medio del *escuadrón* de las ovejas y comenzó de *alanceallas* con tanto *coraje* y *denuedo* como si de veras *alanceara* a sus mortales enemigos. Los pastores y ganaderos que con la *manada* venían dábanle voces que no hiciese aquello; pero viendo que no aprovechaban, *desciñéndose* las *hondas* y comenzaron a saludarle los oídos con piedras como el puño.

(I, cap. XVIII)

F.1 Ejercicio para textos A/B

1.- Cada grupo puede exponer en clase los resultados de las siguientes preguntas, después de leer uno de los dos textos.

2.- El siguiente paso es ver las semejanzas y diferencias entre ambos textos.

◆ Busca en el texto y señala qué descripciones físicas y psicológicas caracterizan a los personajes.

◆ ¿Con qué personajes identificas realismo e idealismo?¿ Qué ejemplos encuentras en el texto?

◆ ¿Es una narración realista o fantástica?

◆ ¿Por qué?

3.- Busca palabras, símbolos, refranes, expresiones que justifiquen tu respuesta.

◆ Dónde encuentras el realismo o la fantasía:

◆ Imagina una historia de aventuras en tu país de origen. ¿Dónde la situarías y qué personajes tipo crearías que fueran opuestos y complementarios?

◆ Busca el significado de las palabras señaladas en cursiva.

4.- Señala en el fragmento de esta novela las funciones que cumplen la narración, la descripción y los diálogos.

COMENTA EN CLASE:

◆ El tema del desencanto.
◆ La parodia de los libros de caballerías.
◆ El realismo e idealismo.

ACTIVIDAD G: POESÍA DE GARCILASO DE LA VEGA

Soneto XXIII

En tanto que de rosa y azucena
se muestra la color en vuestro gesto,
y que vuestro mirar ardiente, honesto,
enciende el corazón y lo refrena;

Y en tanto que el cabello, que en la vena
del oro se escogió, con vuelo presto,
por el hermoso cuello blanco, enhiesto,

el viento mueve, esparce y desordena;
coged de vuestra alegre primavera
el dulce fruto, antes que el tiempo airado
cubra de nieve la hermosa cumbre.

Marchitará la rosa el tiempo helado,
todo lo mudará la edad ligera,
por no hacer mudanza en su costumbre.

1- ¿Sobre qué tema trata el texto?

Relaciona cada estrofa con estas características buscándolas en el poema:

❏ El amor.
❏ La belleza de la amada.
❏ La naturaleza.
❏ El paso del tiempo.

2.- Métricamente, ¿qué tipo de estrofa utiliza el poeta? ¿Qué características tiene?

❏ El soneto.
❏ Endecasílabo (11 sílabas).
❏ Octava real.
❏ La silva.
❏ La canción.

El soneto consta de tres partes bien diferenciadas. Señálalas en el poema. ¿Qué ideas te transmite el penúltimo terceto?

3.- Estructura interna: Describe con tus propias palabras el contenido de las estrofas. ¿Dónde localizas estas características?

A.- La amada es el centro del universo para el poeta. Supone un reto inalcanzable.

B.- Los árboles, las aguas serenas de un río, las sombras... son el marco donde el autor sitúa la acción.

C.- La naturaleza se relaciona con la belleza física y espiritual.

D.- La nueva ideología renacentista motiva al lector para que aproveche la juventud y los placeres de la vida. Es el llamado "carpe diem" (goza el tiempo presente).

4.- Estilo y recursos estilísticos.

Para describir la belleza física y psicológica se utilizaban metáforas relacionadas con la naturaleza.

◆ Analiza en el poema el lenguaje poético del Renacimiento.

5.- ¿Dónde encuentras las siguientes características?

◆ El lenguaje culto.
◆ La adjetivación: epíteto.
◆ El hipérbaton.
◆ La metáfora.
◆ La comparación.

G.1 Relaciona

Los temas del amor, la belleza y el paso del tiempo. ¿Cómo preocupan hoy en día al hombre/mujer modernos?

G.2 Crea

Un soneto que tenga relación con el concepto del amor y del paso del tiempo renacentista. Incluye palabras cultas, metáforas... etc.

Actividad H: El amor místico

■ ¿Qué escritores místicos conoces?

■ ¿Qué aspectos físicos y psicológicos te llaman la atención?

■ ¿Sabes quién fue Santa Teresa de Jesús?

1.- Lee el siguiente poema de Santa Teresa de Jesús y analiza algunos de los puntos que te ayudarán a conocer este tipo de poesía:

Es una forma de poesía que transmite sus sentimientos al:

❏ Amor de pareja.
❏ Amor universal.
❏ Amor a Dios.

◆ ¿Qué sentido tienen para ti las palabras vivir y morir?
◆ ¿Piensas que la Santa siente lo mismo que tú?
◆ ¿Quién es el amado para la monja?
◆ ¿Cómo crees que alcanzará el amor con su amado?

TEXTO A

> Vivo sin vivir en mí,
> y de tal manera espero,
> que muero porque no muero.
>
> Vivo ya fuera de mí,
> después que muero de amor;
> porque vivo en el Señor,
>
> que me quiso para sí;
> cuando el corazón le dí,
> puso en él este letrero,
> que muero porque no muero.
>
> (Santa Teresa de Jesús)

TEXTO B

> En una noche oscura,
> con ansias en amores inflamada,
> ¡oh, dichosa ventura!
> salí sin ser notada,
> estando ya mi casa sosegada.
> A escuras, y segura
> por la secreta escala disfrazada,
> ¡oh, dichosa ventura!
> A escuras, y en celada,
> estando ya mi casa sosegada.
> En la noche dichosa,
> en secreto, que nadie me veía,
>
> ni yo miraba cosa,
> sin otra luz, y guía,
> sino la que en el corazón ardía.
>
> Aquesta me guiaba
> más cierto que la luz del mediodía,
> a donde me esperaba
> quien yo bien me sabía,
> en parte donde nadie parecía.
>
> (De *Canciones*, de San Juan de la Cruz)

❸ EL BARROCO

SINOPSIS LITERARIA

Durante los siglos XVI y XVII la estética renacentista evoluciona hacia un nuevo estilo llamado barroco. La sencillez, la claridad y el equilibrio renacentista contrasta con la exageración, el ingenio y los contrastes de una literatura en la que abundan metáforas, equívocos, paradojas e hipérboles. Aspectos tan propios de la literatura española posterior como lo grotesco y la caricatura toman forma en el Barroco.

● La lírica

Góngora con el culteranismo, Quevedo con el conceptismo, junto con Lope de Vega y su estilo culto y popular, desarrollan una poesía con temas tan transcendentes como el inevitable paso del tiempo que nos lleva a la muerte. El desengaño ante la brevedad de la vida y la banalidad de los placeres mundanos. Todo ello, aparece simbolizado con ruinas, calaveras, relojes, flores muertas, que nos transportan a un mundo de sensaciones.

● El teatro

Durante el siglo XVII, Lope de Vega consigue que el teatro sea un espectáculo de masas que divierta al público. Este autor marca las pautas de un teatro nuevo y atractivo que se distingue por la división de la obra en tres actos (exposición, nudo y desenlace), donde la acción se desarrolla en un tiempo limitado para no cansar al público. Surge así el llamado drama que magistralmente mezcla lo cómico y lo trágico junto con personajes nobles y plebeyos. Los temas son muy variados. Hay dramas de honor, dramas teológicos y filosóficos, comedias de capa y espada, etc.

Calderón de la Barca marca el final del Barroco y del Siglo de Oro y nos deja un teatro que supera al de Lope al utilizar mayor variedad estrófica, imágenes, adjetivos cultistas, símbolos y alusiones mitológicas. Su teatro evoluciona en la utilización de un lenguaje más brillante y variado y en la complicidad de los decorados, los efectos visuales, los efectos especiales, música, magia... El auto Sacramental es lo más representativo de la dramaturgia de Calderón.

Retrato anónimo de Pedro Calderón de la Barca.

● La prosa didáctica

Con Baltasar Gracián (1601-1658) la prosa didáctica alcanza su mayor éxito. *El Criticón* es su obra más conocida. En ella los personajes encarnan conceptos abstractos y el argumento es una búsqueda de la felicidad del ser humano desde que nace hasta que muere.

ACTIVIDAD A: La imagen y la palabra

1.- Lee con tu grupo la Sinopsis literaria e identifica cada género literario con un símbolo:

    A.- Lírica.   B.- Teatro.   C.- Prosa.

❏ El reloj.　　❏ El honor.

❏ La muerte.　　❏ Las espadas.

❏ El asesinato.　　❏ Las capas.

❏ La caricatura.　　❏ La magia.

❏ El amor.　　❏ Los decorados.

2.- Observa la fotografía. ¿Qué comentarios puedes hacer sobre esta imagen relacionándola con las correspondencias que has hecho anteriormente?

La rendición de Breda, por Velázquez.

3.- Relaciona uno de los siguientes textos con la imagen que creas conveniente:

A una Calavera

Esta cabeza, cuando viva, tuvo
sobre la arquitectura destos huesos
carne y cabellos, por quien fueron presos
los ojos que, mirándola, detuvo.

Aquí la rosa de la boca estuvo,
marchita ya con tan helados besos;
aquí los ojos de esmeralda impresos,
color que tantas almas entretuvo.

(Lope de Vega)

Yo sueño que estoy aquí
de estas prisiones cargado
y soñé que en otro estado
más lisonjero me vi.
¿Qué es la vida? Un frenesí.
¿Qué es la vida? Una ilusión,
una sombra, una ficción,

y el mayor bien es pequeño
que toda la vida es sueño
y los sueños sueños son.

(De *La vida es sueño*,
de Pedro Calderón de la Barca)

FÁBULA DE POLIFEMO Y GALATEA

Era como un eminente monte de miembros humanos este cíclope, feroz hijo del Dios Neptuno. En la frente de Polifemo, amplia como un orbe, brilla un solo ojo, que podría casi competir con el Sol, nuestro máximo Lucero. El más alto y fuerte pino de la montaña lo manejaba como ligero bastón.

(Góngora)

SONETO A UNA NARIZ

Érase un hombre a una nariz pegado,
érase una nariz superlativa,
érase una nariz, sayón y escriba,
érase un peje espada muy barbado;
era un reloj de sol mal encarado,
érase una alquitara pensativa,
érase un elefante boca arriba,
era Ovidio Nasón más narizado.

Érase el espolón de una galera,
érase una pirámide de Egipto,
las doce tribus de narices era;
érase un naricísimo infinito,
muchísimo nariz, nariz tan fiera
que en la cara de Anás fuera delito.

(Francisco de Quevedo y Villegas)

Francisco de Quevedo.

ACTIVIDAD B: ¿SABES QUIÉNES SON...?

Investiga sobre su vida y obras.

◆ Góngora.

◆ Quevedo.

◆ Lope de Vega.

◆ Calderón de la Barca.

◆ Baltasar Gracián.

ACTIVIDAD C: HISTORIA Y LITERATURA

¿En qué período de la historia nos encontramos?

1000	1500	1600	1700	1800-1850	1900
S. X-XV	S. XVI	S. XVII	S. XVIII	S. XIX	S. XX
Edad Media.	Renacimiento.	Barroco.	Neoclasicismo.	Romanticismo/ Realismo/ Naturalismo.	

■ Analiza en grupo las características del Barroco y del cambio mental que le acompaña. Leed la Sinopsis del capítulo 4 de Arte.

Temas:

◆ ¿Qué características históricas tienen los dos períodos que forman el Siglo de Oro?

◆ Observa y describe los cambios más importantes en la sociedad española desde la Edad Media hasta el final del Siglo de Oro.

ACTIVIDAD D: LOS GRANDES POETAS BARROCOS

Aquí tienes unas declaraciones de dos poetas barrocos. Lee el contenido de estos textos y descubre el nombre del autor y el soneto que escribió cada uno de ellos.

❏ Quevedo.
❏ Gongóra.

TEXTO A

Nací en Córdoba en 1561. Realicé mis estudios universitarios en Salamanca. Dejé mi carrera eclesiástica por la afición al juego y por ello mis enemigos poéticos me ridiculizaron. Eso sí, sentía pasión por jugar con el lenguaje con el que creé una poesía llena de belleza y sensaciones que identificaba con colores, formas, metales, joyas... etc.

Con este lenguaje tan complicado y expresivo escribí mis mejores sonetos sobre los temas que más me obsesionaban: la belleza y la fealdad, la vida y la muerte.
Sé que hoy en día resulta muy complicado entender mi poesía llamada culteranista.

En esta lección podéis comentar uno de mis sonetos más famosos en el que doy una imagen de la belleza femenina como algo efímero y la comparo con el paso del tiempo y la muerte. Por eso os aconsejo que disfrutéis del presente.

TEXTO B

Nací en Madrid en 1580. Estudié en las Universidades de Alcalá de Henarés y Valladolid. Siempre dijeron de mí que tenía una gran cultura, inteligencia y mordacidad.

Era muy pesimista al tratar temas filosóficos como la vida y la muerte, el amor, o al dar una imagen decadente de la España que estaba viviendo.

La realidad que reflejé es muy barroca al ser en muchos casos denigrante y deshumanizada. Utilicé para ello el concepto o los valores de las palabras jugando con su significado con metáforas, símiles.

En esta lección podéis leer un soneto de amor, que se dice es el más hermoso de la literatura española. Para mí el amor puede vencer a la muerte. Para entenderlo bien leed con cuidado el segundo terceto y el último verso que resume todo el contenido.

SONETO

Cerrar podrá mis ojos la postrera
sombra que me llevare el blanco día,
y podrá desatar esta alma mía
hora a su afán ansioso lisonjera;
mas no, de esotra parte, en la ribera,
dejará la memoria, en donde ardía:
nadar sabe mi llama el agua fría,
y perder el respeto a ley severa.

Alma a quien todo un dios prisión ha sido,
venas de humor a tanto fuego han dado,
médulas que han gloriosamente ardido
su cuerpo dejará, no sin cuidado;
serán ceniza, más tendrán sentido;
polvo serán, mas polvo enamorado.

(Quevedo)

SONETO

Mientras por competir con tu cabello
oro bruñido el sol relumbra en vano;
mientras con menosprecio en medio el llano
mira tu blanca frente el *lilio bello*;
mientras a cada labio, por cogello,
siguen más ojos que al *clavel temprano*,
y mientras triunfa con desdén lozano
del *luciente cristal* tu gentil cuello,
goza cuello, cabello, labio y frente,

antes que lo que fue en tu edad dorada
oro, lilio, clavel, cristal luciente,
no sólo en *plata o víola* troncada
se vuelva, mas tú y ello juntamente
en tierra, en humo, en polvo, en sombra, en
nada.

(Góngora)

ACTIVIDAD E: COMPRENSIÓN

Completad el siguiente cuadro con los datos de los sonetos.

Busca en el soneto los temas barrocos: contraste entre la belleza/fealdad, vida/muerte.
Metáforas: Imágenes embellecedoras:
Léxico colorista y sensorial: Cultismos: Hipérbaton: Paralelismos:

■ ¿Con qué tipo de poesía relacionas cada poema?

❏ Poesía amorosa.
❏ Poesía moral.
❏ Poesía religiosa.
❏ Poesía satírico-burlesca.

■ ¿Cómo definirías un corral de comedias?

■ ¿Qué observas en la fotografía?

Corral de Comedias de Almagro.

Actividad F: El teatro nacional

La representación dramática creada por Lope es un espectáculo con el que se sentía identificada toda la sociedad desde el rey hasta el pueblo llano. Todos ellos aparecen en las obras y juegan el papel que les corresponde en la rígida sociedad del siglo XVII español.

1.- Lee el siguiente fragmento del drama trágico *La Estrella de Sevilla*:

Escena XI

Don Sancho - El Rey.

D. Sancho:	Vuestra alteza a mis dos labios les conceda los dos pies.
Rey:	Alzad; que os hiciera agravios. Alzad.
D. Sancho:	Señor...
Rey:	Galán es.
D. Sancho:	No es mucho que yo, Señor, me turbe, no siendo aquí Retórico ni orador.
Rey:	Pues decíd, ¿qué veis en mí?
D. Sancho:	La majestad y el valor. Y al final una imagen veo De Dios, pues le imita al Rey; y despúes de él, en vos creo. Á vuestra cesárea ley, Gran Señor, aquí me empleo.

■ Sitúa en la pirámide los estamentos sociales que aparecen a continuación:

DIOS _____ REY _____ NOBLES _____ PUEBLO

2.- ¿Es Lope fiel a la monarquía?

❏ ¿Es tradicional?
❏ ¿Es un autor de protesta?

3.- ¿Cómo son los personajes?

❏ Son individuales.
❏ Son personajes-tipos.
❏ Expresan unos ideales determinados.

ACTIVIDAD G: LECTURA EN GRUPO: *FUENTEOVEJUNA*

1.- Leed los siguientes fragmentos de la obra de Lope de Vega, *Fuenteovejuna*.

Retrato de Félix Lope de Vega.

ESCENA XI

Comendador: Aquestos desdenes toscos
              afrentan, bella Laurencia,
              las gracias que el poderoso
              cielo te dio, de tal suerte,
              que vienes a ser un monstruo.
              Mas si otras veces pudiste
              huir mi ruego amoroso,
              agora no quiere el campo,
              amigo secreto y solo;
              que tú sola no has de ser
              tan soberbia, que tu rostro
              huyas al señor que tienes,
              teniéndome a mí en tan poco.
              ¿No se rindió Sebastiana,
              mujer de Pedro Redondo,
              con ser casadas entrambas,
              y la de Martín del Pozo,
              habiendo apenas pasado
              dos días del desposorio?
              (...)

Laurencia: ¡Cómo!
              ¿Eso hacéis? ¿Estáis en vos?

Comendador: No te defiendas.

ESCENA III

(Laurencia, desmelenada. Dichos)

Esteban:	¡Mi hija!
Laurencia:	No me nombres tu hija.
Esteban:	¿Por qué, mis ojos? ¿Por qué?
Laurencia:	Por muchas razones, y sean las principales porque dejas que me roben tiranos, sin que me vengues; traidores, sin que me cobres.(...) Gallinas, ¿vuestras mujeres sufrís que otros hombres gocen?(...) ¡Vive Dios, que he de trazar que solas mujeres cobren la honra de estos tiranos, la sangre de estos traidores!
Esteban:	¡Tomad espadas, lanzones, ballestas, chuzos y palos!
Mengo:	¡Los reyes nuestros señores vivan!
Todos:	¡Vivan muchos años!
Mengo:	¡Mueran tiranos traidores!

2.- Lee el cuadro de la comedia. ¿Qué personajes-tipo aparecen en el texto?

◆   Asocia cada uno de los personajes con el papel que desempeñan.

Los personajes del texto:

❑ Comendador.
❑ Laurencia.
❑ Esteban.
❑ Mengo.
❑ Todos.

Los personajes de la comedia:

❑ Galán/dama:
   El galán busca el amor de la dama.

❑ Padre:
   Guarda el honor de la dama, su hija.

❑ Rey:
   Imparte la justicia.

❑ Capitán/comendador:
   representan la maldad y la injusticia.

❑ Villano, el campesino:
   Defiende los valores tradicionales y defiende su honra ante el poderoso.

❑ El criado/la criada:
   Son cómplices de los señores.

◆ Toma del texto algún rasgo que describa a cada uno de los personajes:

   ....
   ....

3.- Qué temas propios de la comedia de Lope aparecen en la lectura?

❑ Amor: el amor triunfa porque vence todos los obstáculos y todas las normas.

❑ Honor: código por el cual los personajes han de comportarse como los demás esperen que se comporten: el matrimonio, el adulterio.

❑ Celos: el amor no existe sin los celos.

❑ Venganza: el honor perdido se castiga con la venganza que suele ser el desenlace de la obra.

4.- Después de este análisis, ¿has encontrado algunos de estos temas en los textos que has leído?

❑ Monarquía absoluta frente al poder de los nobles.
❑ El matrimonio y el honor.
❑ La vida rural frente a la cortesana.
❑ La religión católica frente a la protestante.

5.- Lee algunas de estas obras en clase y busca los temas que más te interesen:

Drama: *Fuenteovejuna, Peribáñez, El caballero de Olmedo*.
Comedias: *La dama boba, Los melindres de Belisa*.

ACTIVIDAD H: CALDERON DE LA BARCA

1.- ¿Conoces el argumento de *El Alcalde de Zalamea*?

EL ALCALDE DE ZALAMEA

Jornada Primera
Escena XVIII

Don Lope - Pedro Crespo.

Crespo: Mil gracia, señor, os doy
              por la merced que me hicisteis
              de *excusarme* la ocasión.
              De perderme.

D. Lope: ¿Cómo habláis,
              decid, de *perderos vos*?

Crespo: Dando muerte a quien pensara
              ni aún el *agravio* menor.

D. Lope: ¿Sabéis, vive Dios, que es
              Capitán?

Crespo: Si, *vive Dios*;
              y, aunque fuera el General,
              en tocando á mi opinión
              le matara.

D. Lope: *A quien tocara*,
              ni aún al soldado menor,
              sólo un pelo de la ropa,
              viven los cielos, que yo
              le ahorcara.

Crespo: A quien se atreviera
              a un átomo de mi honor,
              viven los cielos también,
              que también le ahorcara yo.

D. Lope: ¿Sabéis que estás obligado
              a sufrir, por ser quien sois,
              estas cargas?

Crespo: Con mi hacienda;
              pero con mi fama no.
              Al Rey la hacienda y la vida
              se ha de dar; pero el honor
              es patrimonio del alma,
              y el alma solo es de Dios.

D. Lope: ¡Vive Cristo, que parece
              que vais teniendo razón!

2.- ¿Qué ideas transmite el autor? Haz un pequeño resumen de lo que has leído.

3.- Señala y comenta los siguientes elementos del texto:

❏ Repeticiones.
❏ Paralelismos.
❏ Anáforas, exclamaciones e interjecciones.
❏ La ironía.

4.- ¿Qué nuevos temas introduce Calderón?

❏ El libre albedrío.
❏ La libertad.
❏ La rebelión contra el rey.

Representación de *El alcalde Zalamea*.

ACTIVIDAD I: LOS AUTOS SACRAMENTALES

1.- ¿Qué son?

2.- ¿Por qué se escriben?

3.- ¿Crees que adoctrinaban a los espectadores... o les divertían?

Lee este fragmento perteneciente a un Auto Sacramental: *El gran teatro del mundo*
(vv. 1255-1436).

Rey:	¡Quién más reinos no hubiera poseído!
Hermosura:	¡Quién más *beldad* no hubiera deseado!
Rico:	¡Quién más *riquezas* nunca hubiera habido!
Labrador:	¡Quién más, ay Dios, hubiera *trabajado*!
Pobre:	¡Quién más *ansias* hubiera padecido!
Mundo:	Ya es tarde, que en muriendo, no os asombre,
	no puede ganar méritos el hombre.
	Ya que he cobrado Augustas Majestades,
	ya que he borrado hermosas perfecciones,
	ya que he frustrado altivas vanidades,
	ya que he igualado Cetros y Azadones,
	al Teatro pasad de las verdades,
	que este el Teatro es el de las ficciones.

4.- Señala qué personajes alegóricos encarnan conceptos abstractos en el texto:

5.- Qué personajes son prototipo de clases sociales?

6.- ¿Cómo expresa el autor el concepto de la fugacidad de la vida y la idea de que la muerte iguala a todos los seres humanos?

7.- Lee el auto en su totalidad y haz un pequeño resumen sobre:

1.- Los hombres.
2.- La comedia de la vida.
3.- La vida eterna.
4.- El mundo.

8.- ¿Qué temas seleccionarías para escribir un pequeño Auto, y qué personajes alegóricos crearías?

❹ NEOCLASICISMO Y ROMANTICISMO

SINOPSIS HISTÓRICA

● EL SIGLO XVIII Y EL NEOCLASICISMO

El neoclasicismo representa una vuelta a los valores clásicos grecolatinos: la armonía, la serenidad, la sobriedad y la *perfección*.
La libertad creadora del Siglo de Oro es sustituida por las normas a las que deben ajustarse los escritores de un modo estricto.

La poesía neoclásica: triunfa sobre la barroca, es una poesía italianizante que imita a la clásica. Es más clara y *ordenada*, pero a la vez deleita y es útil.

Poesía rococó: es el gusto por la simetría y la variedad. El estilo es delicado, íntimo, sensual y elegante.
Juan Meléndez Valdés representa a la poesía rococó con sus poemas dedicados a la mujer rodeada de dioses y *mitología*.

Poesía Ilustrada o didáctica: critica los vicios de las costumbres y la ignorancia; la encontramos en las fábulas de Félix María de Samaniego y Tomás Iriarte.

Escuela Salmantina: vuelve a la poesía clásica de Garcilaso o Fray Luis de León, con los temas mitológicos, amorosos y pastoriles.

Prerromanticismo: a finales del siglo, los escritores como Jovellanos o Cadalso comienzan a dar importancia a los sentimientos frente a la razón. Aparece así el *subjetivismo*, principio fundamental del romanticismo.

Gaspar Melchor de Jovellanos, por Francisco de Goya.

● EL TEATRO NEOCLÁSICO

Manifiesta dos corrientes:

Los sainetes: son piezas breves que se representan en los entreactos de obras mayores. Con ellos se pretende hacer reír al público mientras se satirizan las costumbres de la época: al petimetre, a la señorita cortesana... etc. Destacan los sainetes de Ramón de la Cruz.

La comedia neoclásica: representa el espíritu ilustrado en los escenarios. Los temas se basan en *situaciones cotidianas* con *personajes muy reales*.

● EL ROMANTICISMO

El artista rompe definitivamente con las normas convencionales a las que ha estado sujeto. Se manifiesta por su *rebeldía* a través de la *fantasía irracional* que enmarca las historias de *personajes marginados y desheredados*.

● LA POESÍA

El yo subjetivo da libertad a la *imaginación* de poetas como José de Espronceda y Gustavo Adolfo Bécquer. La espontaneidad romántica y los temas de la soledad y el *amor desesperado* inspiran las Rimas de Bécquer.

● EL TEATRO ROMÁNTICO

El deseo de evasión hace que el artista romántico *exagere la realidad*. Así nos transporta a un mundo atemporal, con escenas sepulcrales, cadalsos, horrores, tormentos y amores *apasionados*. El mal del siglo, el destino, con su impulso incontrolable, inspira comedias, dramas, dramas históricos.

Es el caso de *Don Álvaro o la fuerza del sino*, del Duque de Rivas, que describe los amores imposibles de don Álvaro con doña Leonor. *Don Juan Tenorio*, de José de Zorrilla, dramatiza el amor, la naturaleza, la seducción y la vida más allá de la muerte.

● LA PROSA

El periodismo experimentó un desarrollo espectacular a lo largo del siglo XIX. A finales de los años 30 se inicia en la prensa la publicación de novelas por entregas, llamadas folletines. La mayoría de los grandes escritores del siglo colaboran con la prensa. Comenzó Mariano José de Larra, que en sus artículos ironiza y critica los males de la patria, al igual que harán en el siglo XX los miembros de la generación del 98.

ACTIVIDAD A: LA IMAGEN Y LA PALABRA

1.- Busca en el texto las siguientes palabras:

- ❏ Armonía.
- ❏ Perfección.
- ❏ Normas.
- ❏ Orden.
- ❏ Útil.
- ❏ Didáctico.
- ❏ Mitológico.
- ❏ Amor convencional.
- ❏ Situaciones cotidianas.
- ❏ Personajes reales.
- ❏ Rebeldía.
- ❏ Fantasía.
- ❏ Personajes marginados.
- ❏ Subjetividad.
- ❏ Imaginación.
- ❏ Espontaneidad.
- ❏ Amor apasionado.
- ❏ Exageración.
- ❏ Crítica de las costumbres.

2.- Sitúa cada palabra en uno de los siguientes grupos y busca su contraria:

Neoclasicismo.	Romanticismo.
Amor convencional. ──────────────►	Amor apasionado.

3.- Pregunta a tu compañero/a :

◆ ¿Qué oposiciones más radicales has encontrado entre ambos períodos literarios?

◆ ¿Crees que el romanticismo reacciona ante la falta de libertad del neoclasicismo?

◆ ¿Te parece alguno de estos estilos natural, o los dos son exagerados?

◆ ¿Dónde se encuentran los extremos?

ACTIVIDAD B: COMENTARIOS LITERARIOS

Lee los siguientes textos literarios. Unos son románticos y otros neoclásicos.

Busca en los textos las palabras claves que los definen; para ello, formad grupos y utilizad el vocabulario de la Actividad A.

TEXTO A
FANTASÍA:
EXAGERACIÓN:
MISTERIO:
AUTOR:
ÉPOCA:
TEMA:
MENSAJE:

TEXTO A

EL ESTUDIANTE DE SALAMANCA

Era más de media noche,
antiguas historias cuentan,
cuando en sueño y en silencio
lóbrega envuelta la tierra,
los vivos muertos parecen,
los muertos la tumba dejan.
Era la hora en que acaso
temerosas voces suenan
informes, en que se escuchan
tácitas pisadas huecas,
y vaporosos fantasmas

entre las densas tinieblas
vagan, y aúllan los perros
amedrentados al verlas:
en que tal vez la campana
de alguna arruinada iglesia
da misteriosos sonidos
de maldición y anatema,
que los sábados convoca
a las brujas a su fiesta.

(José de Espronceda)

Texto B

Texto B

FÁBULA: LAS MOSCAS

A un panal de rica miel
Dos mil moscas acudieron,
Que por golosas murieron,
Presas de patas en él.
Otras dentro de un pastel
Enterró su golosina.

Así, si bien se examina,
Los humanos corazones
Perecen en las prisiones
Del vicio que los domina.

(Félix Mª de Samaniego)

Texto C

Texto C

FIESTA DE TOROS EN MADRID

Suena un rumor placentero
Entre el vulgo de Madrid:
No habrá mejor caballero,
Dicen, en el mundo entero,
Y algunos le llaman Cid.
Crece la algazara, y él

Torciendo las riendas de oro.
Marcha al combate cruel:
Alza el galope, y al toro
Busca en sonoro tropel.

(Nicolás Fernández de Moratín)

Texto D

Texto D

A UN MAL PREDICADOR

Dijiste contra el peinado
Mil cosas enardecido;
Contra las de ancho vestido
Y las de estrecho calzado;
Por eso alguno ha notado
Tu sermón de muy severo;

Pero que se engaña infiero,
Porque, olvidando tu oficio,
Sola la virtud y el vicio
Te dejaste en el tintero.

(Gaspar Melchor de Jovellanos)

Texto E

Texto E

RIMA XLI

Tú eras el huracán y yo la alta
torre que desafía su poder:
¡tenías que estrellarte o que abatirme!...
¡No pudo ser!

Tú eras el océano y yo la enhiesta
roca que firme aguarda su vaivén:
¡tenías que romperte o arrancarme!...
¡No pudo ser!

Hermosa tú, yo altivo; acostumbrados
uno a arrollar, el otro a no ceder;
la senda estrecha, inevitable el choque...
¡No pudo ser!

(Gustavo Adolfo Bécquer)

ACTIVIDAD C: CORRESPONDENCIAS

Aquí tienes algunas descripciones. Unas son neoclásicas y otras románticas. Indica a qué género pertenecen y a qué estilo:

❑ Las historias didácticas de animales.	a.- Poesía Ilustrada.
❑ El lector que aprende.	b.- Fábulas.
❑ El poeta que escribe con la razón.	c.- Poesía neoclásica.
❑ El público que se divierte ante la crítica.	d.- Poesía romántica.
❑ El teatro de costumbres.	e.- Comedia neoclásica.
❑ El poeta que escribe con los sentimientos.	f.- El sainete.
❑ Los personajes que buscan su destino.	g.- Teatro romántico.

ACTIVIDAD D: HISTORIA Y LITERATURA

¿En qué período de la historia nos encontramos?

1000	1500	1600	1700	1800-1850	1900
S. X-XV	S. XVI	S. XVII	S. XVIII	S. XIX	S. XX
Edad Media.	Renacimiento.	Barroco.	Neoclasicismo.	Romanticismo/ Realismo/ Naturalismo.	

1.- Analiza en grupo las características de la época de la Ilustración y del Romanticismo.

2.- Podéis consultar la Sinopsis histórica del tema 5: *La crisis del imperio*.

Temas:

◆ El Despotismo Ilustrado y sus ideales en los poetas de la época.
◆ ¿Cómo influyó en la literatura la crisis del imperio?

3.- Lee este poema de Espronceda. ¿Qué te sugiere?

> *A LA PATRIA*
>
> ¡Cuán solitaria nación que un día
> Poblara inmensa gente!
> ¡La nación cuyo imperio se extendía
> Del Ocaso al Oriente!
> Lágrimas viertes, infeliz, ahora
> Soberana del mundo,
> ¡Y nadie de tu faz encantadora
> Borra el dolor profundo!
>
> Cubren su antigua pompa y poderío
> Pobre hierba y arena,
> Y al enemigo que tembló a su brío
> Burla y goza en su pena.
>
> ¿Quién calmará ¡oh España! tus pesares?
> ¿Quién secará tu llanto?

4.- ¿Qué imagen romántica de España crea Espronceda?

5.- ¿Por qué llora España?

6.- Parece que el poeta personifica a España. Busca en el texto los recursos literarios que utiliza.

ACTIVIDAD E: INVESTIGA Y RECITA

En el siguiente ejercicio puedes elegir varias posibilidades.

1.- Investiga sobre:

◆ El mito de don Juan y sus orígenes en la literatura española del Siglo de Oro.
◆ Las características del drama romántico.

2.- Comentario de texto.

3.- Representación teatral en clase.

TEXTO A

DON JUAN TENORIO

Don Juan:

¡Cálmate pues, vida mía!
Reposa aquí; y un momento
olvida de tu convento
la triste cárcel sombría.
¡Ah! ¿No es cierto, ángel de amor,
que en esta apartada orilla
más pura la luna brilla
y se respira mejor?
Esta aura que vaga llena
de los sencillos olores
de las campesinas flores
que brota esa orilla amena;
esa agua limpia y serena
que atraviesa sin temor
la barca del pescador
que espera cantando el día,
¿no es cierto, paloma mía,
que están respirando amor?
(...)

Doña Inés:

Callad, por Dios, Oh don Juan!,
que no podré resistir
mucho tiempo sin morir
tan nunca sentido afán.
(...)

¡Ah! Me habéis dado a beber
un filtro infernal sin duda,
que a rendiros os ayuda
la virtud de la mujer.
Tal vez poseéis, don Juan,
un misterioso amuleto
que a vos me atrae en secreto
como irresistible imán.
(...)
Tal vez Satán puso en vos
su vista fascinadora,
y el amor que negó Dios.
¿Y qué he de hacer, ¡ay de mí!, sino caer en vuestros brazos,
si el corazón en pedazos
me vais robando de aquí?
(...)
Tu presencia me enajena,
tus palabras me alucinan,
y tus ojos me fascinan,
y tu aliento me envenena.
¡Don Juan! ¡Don Juan! Yo lo imploro
de tu hidalga compasión:
o arráncame el corazón,
o amáme, porque te adoro.

(José Zorrilla)

EL SIGLO XIX Y LA LITERATURA REALISTA

SINOPSIS LITERARIA

El Realismo aparece en la segunda mitad del siglo XIX. Como su nombre indica, refleja la realidad que el escritor observa de un modo objetivo y exacto. A lo largo de la novela vemos desfilar a un sinfín de personajes de época que nos muestran los avatares político-sociales y el ascenso de la burguesía, la industrialización de las ciudades y el nacimiento de una nueva clase social: el proletariado.

La novela realista puede ser tradicional o liberal. Autores como José María Pereda, Pedro Antonio de Alarcón, que defienden la tradición católica española, la educación religiosa y la monarquía absoluta, contrastan con los que, como Benito Pérez Galdós, Leopoldo Alas Clarín y Vicente Blasco Ibáñez, tienen una mentalidad progresista o liberal.

El Naturalismo surgió en Francia con el novelista Èmile Zola. El escritor naturalista observa con minuciosidad el comportamiento humano condicionado por el medio social y geográfico y por la herencia biológica y el momento histórico. Sus personajes son neuróticos, adictos al alcohol o marcados por alguna tara social, y se enmarcan en un ambiente duro y hostil.

En España, Emilia Pardo Bazán y Benito Pérez Galdós toman del naturalismo algunos rasgos, como las pasiones violentas o la precisión morbosa de algunas descripciones.

ACTIVIDAD A: BUSCAR INFORMACIÓN

¿Qué obras escribieron los siguientes autores?

❑ Pedro Antonio de Alarcón.	a.- *La Regenta.*
❑ Juan Valera.	b.- *Fortunata y Jacinta.*
❑ José María de Pereda.	c.- *La madre naturaleza.*
❑ Emilia Pardo Bazán.	d.- *Peñas Arriba.*
❑ Benito Pérez Galdós.	e.- *Pepita Jiménez.*
❑ Leopoldo Alas, Clarín.	f.- *El sombrero de tres picos.*

ACTIVIDAD B: ANÁLISIS DE UNA OBRA

■ Analiza los rasgos del naturalismo en el siguiente fragmento.

■ ¿Qué temas nos transmite la autora?

■ Comenta el estilo de la novela realista teniendo en cuenta el texto.

■ La decadencia, el paso del tiempo ¿cómo los expresa el novelista naturalista?

LA MADRE NATURALEZA

Al entrar en los Pazos experimentó Gabriel la impresión melancólica que sentimos al acercarnos a la sepultura de una persona querida (...).

A la escalera salieron a hacerle los honores el Gallo y su esposa, la ex bella fregatriz Sabel, causa de tantos disturbios, pecados y tristezas. Quien la hubiese visto cosa de dieciocho años antes, cuando quería hacer prevaricar a los capellanes de la casa, no la conocerían ahora. Las aldeanas, aunque no se dediquen a labrar la tierra, no conservan pasados los treinta, atractivo alguno, y en general se ajan y marchitan desde los veinticinco. Sus extremidades se deforman, su piel se curte, la osatura se les marca, el pelo se vuelve áspero como la cola del buey, el seno se esparce y abulta feamente, los labios se secan, en los ojos se descubre, en vez de la chispa de juguetona travesura propia de la mocedad, la codicia y el servilismo juntos, sello de la mácara labriega. Sabel no desmentía la regla. A los cuarenta y tantos era lastimoso andrajo de lo que algun día fue la mejor moza (...).

(Emilia Pardo Bazán)

ACTIVIDAD C: EL REALISMO EN *LA REGENTA*

La novela realista:

■ ¿Qué es el estilo indirecto libre?

LA REGENTA

"¡Qué hermosa noche! Pero, ¿quién era ella para admirar la noche serena? ¿Qué tenía que ver toda aquella poesía melancólica de cielo y tierra con lo que le sucedía a ella?"

"Si pensaría Quintanar que una mujer es de hierro y puede resistir, sin caer en la tentación, manías de un marido que inventa máquinas absurdas para magullar los brazos de su esposa. Su marido era botánico, ornitólogo, floricultor, arboricultor, cazador, crítico de comedias, cómico, jurisconsulto; todo menos un marido".(...)

"Pero no importaba; ella se moría de hastío. Tenía veintisiete años, la juventud huía; veintisiete años de mujer eran las puertas de la vejez, a que ya estaba llamando... Y no había gozado una sola vez de esas delicias del amor de que hablaban todos, que son el asunto de comedias, novelas y hasta de historias. El amor es lo único que vale la pena de vivir, había oído y leído muchas veces. Pero ¿qué amor? ¿Dónde estaba ese amor? Ella no lo conocía. (...) Ana, lánguida, desmayado el ánimo, apoyó la cabeza en las rejas frías de la gran puerta de hierro que era la entrada del "Parque" por la calle de Tras-lacerca. Así estuvo mucho tiempo, mirando las tinieblas de fuera, abstraída de su dolor, sueltas las riendas de la voluntad, como las del pensamiento que iba y venía, sin saber por dónde, a merced de impulsos en que no tenía conciencia.

Casi tocando con la frente de Ana, metida entre dos rejas, pasó un bulto por la calle solitaria, pegado a la pared del "Parque".

"¡Es él!", pensó la Regenta, que conoció a don Alvaro. (...)
Llegó a la verja; él vio a la Regenta primero que ella a él. La conoció, la adivinó antes.
"¡Es tuya! —le gritó el demonio de la seducción—; te adora, te espera".

(Benito Pérez Galdós)

1.- Investiga sobre:

◆ El autor de la obra.

◆ El argumento de la novela.

◆ El tema del texto.

2.- Señala en el fragmento:

◆ ¿Cómo se llama la protagonista?

◆ ¿Qué sobrenombre recibe?

◆ ¿Quién es su marido?

◆ ¿Cómo se llama el amante?

3.- Estructura externa.

◆ ¿Hay diálogo?

◆ ¿Con qué estilo narrativo el autor consigue plasmar la subjetividad de Ana?

◆ Señala en el texto el estilo indirecto libre.

4.- Estructura interna.

El tema principal del relato es:

❑ El amor liberal.
❑ El amor tradicional.
❑ El paso del tiempo.
❑ Carpe diem.
❑ La mujer del siglo XIX y la sociedad.

5.- Lenguaje y estilo.

⑤ LA LITERATURA EN EL SIGLO XX

SINOPSIS LITERARIA

● 1898-1936. DEL CAMBIO DE SIGLO A LA GUERRA CIVIL

El Modernismo surge como una reacción ante el positivismo. La irracionalidad se mezcla con la decadencia y con el desencanto propio del fin del siglo XIX.

Rubén Darío, escritor americano, introdujo este estilo en España con su libro de poesía *Azul* (1888).

Los modernistas buscan la belleza pura y la evasión de la realidad cotidiana.

La palabra se convierte en el principal recurso expresivo para crear la belleza a través de las metáforas y los cultismos; los escritores juegan con las palabras: con la adjetivación expresan imágenes coloristas y sensoriales; con la aliteración, la onomatopeya y las reiteraciones buscan el ritmo y la musicalidad.

● LA GENERACIÓN DEL 98

Expresa una mentalidad muy influida por la crisis de fin del siglo XIX y por la pérdida de las ultimas colonias americanas.

Los puntos claves que definen a esta generación son:

◆ España es un problema doloroso que hay que resolver a través de la regeneración.

◆ Castilla redescubre valores tradicionales: paisajes, tierras y pueblos.

◆ Un profundo sentido existencialista de la vida.

◆ Una visión crítica de la historia nacional.

◆ Un lenguaje natural y antirretórico.

1.- LA NOVELA

Miguel de Unamuno escribe sobre inquietudes religiosas (*San Manuel Bueno, mártir*) o sobre temas existenciales como (*Niebla*).

Pío Baroja describe personajes y ciudades por donde pululan las más variadas condiciones y clases sociales (*La Lucha por la vida, El árbol de la ciencia, Camino de Perfección, La Busca*).

Ramón del Valle-Inclán en su época modernista crea el ciclo de las Sonatas (*Sonata de otoño, Sonata de estío, Sonata de primavera y Sonata de invierno*).
El fenómeno del esperpento aparece en su obra cumbre *Tirano Banderas*.

2.- EL ENSAYO

Miguel de Unamuno destaca también por sus ensayos que tratan sobre los temas históricos, el casticismo (*En torno al casticismo*), sobre temas existenciales (*Del sentimiento trágico de la vida*).

3.- EL TEATRO

El teatro burgués:

Jacinto Benavente (*Los intereses creados*) presenta con ironía conflictos como las infidelidades conyugales, el desamor, la hipocresía.

El teatro cómico:

Es el teatro preferido de las clases populares que disfrutan con la zarzuela, el café teatro, el sainete. (Carlos Arniches).

El teatro innovador:

Los dramaturgos que dan un nuevo aire a la escena española son Valle-Inclán (el esperpento) y Federico García Lorca (la tragedia).

4.- NOVECENTISMO

Pensadores como Ortega y Gasset, Américo Castro y Claudio Sánchez Albornoz muestran sus distintos puntos de vista al afrontar la problemática de España. En las tertulias de Gómez de la Serna, en el café Pombo, se encuentran jóvenes intelectuales del país, que representan las nuevas corrientes literarias y artísticas.

● LA GENERACIÓN DEL 27

Con la Generación del 27 surgen las vanguardias literarias que encuentran sus raíces en el Modernismo y su belleza formal, y en la poesía de Góngora, cuyo centenario se celebró en el año 27.

1.- LA POESÍA

Miguel Hernández comparte con la generación del 27 el gusto por lo popular, pero sobresale por su gran preocupación social.

Federico García Lorca crea una poesía donde el vanguardismo se mezcla con los temas más tradicionales y populares de la cultura española.

Rafael Alberti introduce en su poesía un simbolismo surrealista y mágico.

Vicente Aleixandre expresa a través del surrealismo el concepto del amor universal como medio para acabar con la angustia existencial.

Gerardo Diego crea imágenes muy originales y expresivas en sus frases cortas y versos inconexos

Dámaso Alonso se revela contra las miserias de la realidad.

Pedro Salinas expresa la angustia del hombre contemporáneo.

Ramón Gómez de Serna con su tertulia del café Pombo.

ACTIVIDAD A: RELACIONAR

Relaciona cada uno de los siguientes autores con:

■ La generación a la que pertenecen.

■ Obras que escribieron.

■ Géneros literarios que practicaron.

❏ Miguel de Unamuno.
❏ Pío Baroja.
❏ Azorín.
❏ Valle-Inclán.
❏ Ramón Gómez de la Serna.
❏ Rafael Alberti.
❏ Garcia Lorca.
❏ Luis Cernuda.
❏ Pedro Salinas.
❏ Jorge Guillén.
❏ Gerardo Diego.
❏ Dámaso Alonso.
❏ Juan Ramón Jiménez.

Retrato de Miguel de Unamuno, por Juan de Echevarría.

ACTIVIDAD B: LA IMAGEN Y LA PALABRA

1.- Lee los siguientes textos poéticos. Identifica cada uno de ellos con los símbolos propios de sus autores y de la generación a la que pertenecen.

2.- Busca en las imágenes la idea o tema de cada poema.

3.- Asociaciones:

Relaciona el poema _____ con la imagen _____.

Ermita de San Saturio a orillas del río Duero, Soria.

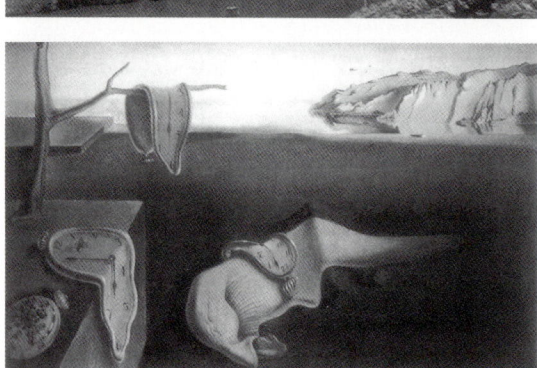

La persistencia de la memoria, por Dalí.

Claustro del monasterio de Silos, con el ciprés en el centro.

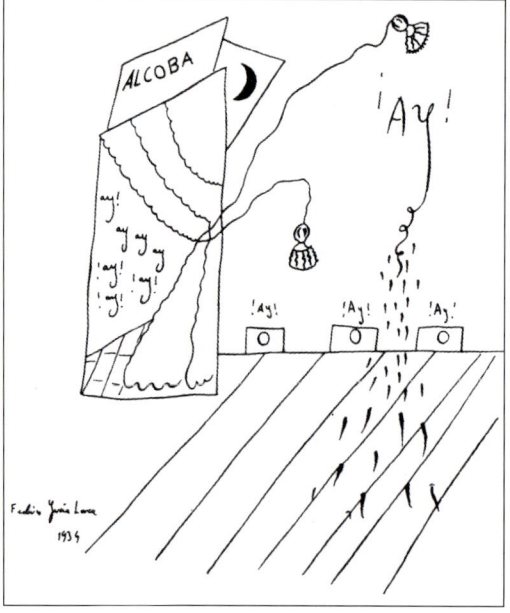

Dibujo de Lorca en *Romance de la Luna, Luna*.

Imagen modernista en un cartel de Ramón Casas.

DE SONATINA

SÍMBOLOS:
Características:

La princesa está triste... ¿Qué tendrá la príncesa?
Los suspiros se escapan de su boca de fresa,
que ha perdido la risa, que ha perdido el color.
La princesa está pálida en su silla de oro,
está mudo el teclado de su clave sonoro,
y en un vaso, olvidada, se desmaya una flor.

(Rubén Darío)

MARINERO EN TIERRA

SÍMBOLOS:
Características:

Yo, marinero en la ribera mía,
posada sobre un cano y dulce río
que da su brazo a un mar de Andalucía,

sueño en ser almirante de navío,
para partir el lomo de los mares
al sol ardiente y a la luna fría.

(Rafael Alberti)

EL CIPRÉS DE SILOS

SÍMBOLOS:
Características:

Enhiesto surtidor de sombra y sueño
que acongojas al cielo con tu lanza.
Chorro que a las estrellas casi alcanza
devanando a sí mismo en loco empeño.

Mástil de soledad, prodigio isleño;
flecha de fe, saeta de esperanza.
Hoy llego a ti, riberas del Arlanza,
peregrina al azar mi alma sin dueño.

Cuando te vi, sereno, dulce, firme,
qué ansiedades sentí de diluirme
y ascender como tú, vuelto en cristales,

como tú, negra torre de arduos filos,
ejemplo de delirios verticales,
mudo ciprés en el fervor de Silos.

(Gerardo Diego)

ROMANCE DE LA LUNA, LUNA

SÍMBOLOS:	
Características:	

La luna vino a la fragua
con su polisón de nardos.
El niño la mira mira.
El niño la está mirando.
En el aire conmovido
mueve la luna sus brazos
con los ojillos cerrados.
Huye luna, luna, luna,
que ya siento sus caballos.
Niño, déjame, no pises
mi blancor almidonado.

El Jinete se acercaba
tocando el tambor del llano.
Dentro de la fragua el niño,
tiene los ojos cerrados.
Por el olivar venían,

bronce y sueño, los gitanos.
Las cabezas levantadas
y los ojos entornados.

(Federico García Lorca)

A ORILLAS DEL DUERO

SÍMBOLOS:
Características:

¡Primavera soriana, primavera
humilde, como el sueño de un bendito,
de un pobre caminante que durmiera
de cansancio en un páramo infinito!

¡Oh tierra ingrata y fuerte, tierra mía!
¡Castilla, tus decrépitas ciudades!
¡La agria melancolía
que puebla tus sombrías soledades!

¡Castilla varonil, adusta tierra,
Castilla del desdén contra la suerte,
Castilla del dolor y de la guerra,
tierra inmortal, Castilla de la muerte!

(Antonio Machado)

ACTIVIDAD C: HISTORIA Y LITERATURA

¿En qué época de la historia nos encontramos?

1000	1500	1600	1700	1800-1850	1900
S. X-XV	S. XVI	S. XVII	S. XVIII	S. XIX	S. XX
Edad Media.	Renacimiento.	Barroco.	Noclasicismo.	Romanticismo/ Realismo/ Naturalismo.	

C.1 EJERCICIO ESCRITO Y EXPOSICIÓN

◆ Analiza con tu grupo las características sociales y políticas del siglo XX en España.
◆ Puedes consultar la Sinopsis histórica del tema 6:

Temas:

¿Cómo influyeron en la literatura estos hechos históricos?

◆ Derrotas militares en Cuba y Filipinas en 1989.
◆ Pérdida de las últimas colonias españolas.
◆ Proclamación de la República, 13 de abril de 1931: Alfonso XIII parte al exilio.
◆ Tensiones sociales y enfrentamientos entre partidos de izquierdas y derechas.
◆ La Guerra Civil española.
◆ Infórmate sobre los nuevos movimientos estéticos de principios del siglo XX.
◆ Los movimientos filosóficos.

ACTIVIDAD D: GARCÍA LORCA Y EL TEATRO

Busca los siguientes datos de Federico García Lorca como autor de teatro:

EL AUTOR / SU OBRA / EL ESTILO

Obra: *La casa de Bernarda Alba* (1936).

Argumento:

Bernarda se queda viuda con cinco hijas solteras. En la España del 36 la vida social en las familias acomodadas rurales conserva tradiciones represoras guardadas durante siglos, y que afectan directamente a la mujer. En esta obra se produce el encuentro entre dos mundos: uno, el antiguo, representado por Bernarda, la madre; y otro, el que desea surgir, que es la libertad y que está representado por las hijas. El encuentro entre ambos no se soluciona a través del diálogo y la comprensión, sino a través del miedo y la represión que hacen que la obra termine en muerte.

LA CASA DE BERNARDA ALBA	
ACTO I	
Bernarda:	(A Magdalena, que inicia el llanto). Chiss. (Golpea con el bastón). (Salen todas. A las que se han ido). ¡Andar a vuestras cuevas a criticar todo lo que habéis visto!
Poncia:	No tendrás queja ninguna. Ha venido todo el pueblo.
Bernarda:	Sí, para llenar mi casa con el sudor de sus refajos y el veneno de sus lenguas.
Amelia:	¡Madre, no hable usted así!
Bernarda:	Es así como se tiene que hablar en este maldito pueblo sin río, pueblo de pozos, donde siempre se bebe el agua con el miedo de que esté envenenada.
Poncia:	¡Cómo han puesto la solería!
Bernarda:	Igual que si hubiera pasado por ella una manada de cabras. (La Poncia limpia el suelo). Niña, dame un abanico.

Adela:	Tome usted. (Le da un abanico redondo con flores rojas y verdes).
Bernarda:	(Arrojando el abanico al suelo). ¿Es éste el abanico que se da a una viuda? Dame uno negro y aprende a respetar el luto de tu padre.
Martirio:	Tome usted el mío.
Bernarda:	Pues busca otro, que te hará falta. En ocho años que dure el luto no ha de entrar en esta casa el viento de la calle. Haceros cuenta que hemos tapiado con ladrillos puertas y ventanas. Así pasó en casa de mi padre y en casa de mi abuelo. Mientras, podéis empezar a bordaros el ajuar. En el arca tengo veinte piezas de hilo con el que podréis cortar sábanas y embozos. Magdalena puede bordarlas.
Magdalena:	Lo mismo me da.
Adela:	(Agria). Si no queréis bordarlas irán sin bordados. A sí las tuyas lucirán más.
Magdalena:	Ni las mías ni las vuestras. Sé que yo no me voy a casar. Prefiero llevar sacos al molino. Todo, menos estar sentada días y días dentro de esta sala oscura.
Bernarda:	Eso tiene ser mujer.
Magdalena:	Malditas sean las mujeres.
Bernarda:	Aquí se hace lo que yo mando. Ya no puedes ir con el cuento a tu padre. Hilo y aguja para las hembras. Eso tiene la gente que nace con posibles.

1.- ¿Cuál es el tema del texto?

2.- Busca en el texto estas palabras y expresiones y analizad su significado teniendo en cuenta el contexto en el que se expresan:

- ◆ Abanico negro.
- ◆ Abanico redondo con flores rojas y verdes.
- ◆ Luto.
- ◆ Tapiar con ladrillos puertas y ventanas.
- ◆ Bordar el ajuar.
- ◆ Casarse.
- ◆ Sala oscura.
- ◆ Llevar sacos al molino.
- ◆ Pueblo de pozos.
- ◆ Pueblo sin río.

3.- En los cuadros que aparecen a continuación puedes incluir las palabras que creas convenientes:

REPRESIÓN	

LIBERTAD	

TRADICIONES	

4.- Comenta las siguientes expresiones:

◆ "Malditas sean las mujeres".
◆ "Todo, menos estar sentada días y días dentro de esta casa oscura".

ACTIVIDAD E: EL ESPERPENTO DE VALLE-INCLÁN

1.- ¿Qué es el esperpento?

2.- ¿Con qué imágenes lo identifica el autor en el texto?

3.- Busca en las pinturas negras de Goya en el tema 5 de Arte.

4.- ¿Ha inventado Goya el esperpento?

5.- ¿Qué significado tiene la palabra grotesco y deformación?

T	*LUCES DE BOHEMIA*
D. Latino:	Me estás asustando. Deberías dejar esta broma.
Max:	Los ultraístas son unos farsantes. El esperpentismo lo ha inventado Goya. Los héroes clásicos han ido a a pasearse en el callejón del Gato.
D. Latino:	¡Estás completamente curda!
Max:	Los héroes clásicos reflejados en los espejos cóncavos dan el Esperpento. El sentido trágico de la vida española sólo puede darse con una estética sistemáticamente deformada.
D. Latino:	¡Miau! ¡Te estás contagiando!
Max:	España es una deformación grotesca de la civilización europea.
D. Latino:	¡Pudiera! Yo me inhibo.
Max:	Las imágenes más bellas en un espejo cóncavo son absurdas.
D. Latino:	¿Y dónde está el espejo?
Max:	En el fondo del vaso.
D. Latino:	¡Eres genial! ¡Me quito el cráneo!
Max:	Latino, deformemos la expresión en el mismo espejo que nos deforma las caras y toda la vida miserable de España.

❻ LA LITERATURA DEL SIGLO XX DESDE LA DICTADURA HASTA LA DEMOCRACIA

SINOPSIS LITERARIA

● LA LITERATURA ESPAÑOLA DE POSGUERRA

La Guerra Civil española (1936-1939), abrió las puertas a la dictadura militar del general Franco.

Su régimen influyó negativamente en la cultura española: ruptura con las tendencias literarias anteriores, exilio de los intelectuales españoles, censura de libros, prensa, cine, etc.

● LA NOVELA

1.- LA NOVELA DEL EXILIO

Los exiliados recuerdan la España anterior a 1936, y los desastres de la guerra.
Ramón J. Sender: *Réquiem por un campesino español*.

2.- LA NOVELA DEL REALISMO EXISTENCIAL

El hombre que ha de enfrentarse a la nueva realidad de la posguerra siente angustia, soledad, frustración y desarraigo. Camilo José Cela escribe *La familia de Pascual Duarte* (1492), Carmen Laforet, *Nada* y Miguel Delibes, *La sombra del ciprés es alargada*.

3.- EL REALISMO SOCIAL

La novela social española de los años cincuenta se rebela ante las desigualdades e injusticias sociales.
Destacan el realismo objetivo de Rafael Sánchez Ferlosio con *El Jarama* y el realismo crítico de Camilo José Cela con *La Colmena*.

Miguel Delibes.

4.- NOVELA HISPANOAMERICANA

La novela hispanoamericana irrumpe en las letras españolas a partir de los años setenta, con obras como *La ciudad y los perros*, de Vargas Llosa, *Cien años de soledad*, de García Márquez y *Rayuela*, de Julio Córtazar. Aporta nuevos estilos, como el realismo mágico de García Márquez.

● LA POESÍA

La Guerra Civil es la causante de la muerte de García Lorca y del exilio de Juan Ramón Jiménez, Salinas, Guillén y Cernuda. Otros poetas permanecieron en España, como Dámaso Alonso.

1.- POESÍA ARRAIGADA/POESÍA DESARRAIGADA

Con la aparición de *Hijos de la Ira,* de Dámaso Alonso, y *Sombra del Paraíso,* de Vicente Aleixandre, se abre un nuevo camino en la temática y en la forma de la lírica: la rebeldía, la angustia y la desesperación se expresan con un lenguaje retórico de gran fuerza expresiva.

2.- POESÍA SOCIAL O COMPROMETIDA

Es un compromiso político ante la injusticia y los desarreglos sociales. (Blas de Otero, Gabriel Celaya, José Hierro). Utilizan un estilo coloquial y directo, con frases breves.

3.- EL GRUPO POÉTICO DE LOS AÑOS CINCUENTA

Para esta generación, la poesía expresa individualidad, pues a través de ella el poeta llega a conocerse a sí mismo y el mundo exterior. Algunos componentes de esta generación son: Ángel González, Jaime Gil de Biedma, Claudio Rodríguez, José Ángel Valente, José Agustín Goytisolo, etc.

4.- LOS NOVÍSIMOS

Su máxima preocupación es la creación literaria y el uso del lenguaje. Manuel Vázquez Montalbán, Félix de Azúa, Vicente Molina-Foix, Pere Gimferrer, Luis Alberto de Cuenca.

● EL TEATRO

Las principales corrientes teatrales son:

1.- EL DRAMA BURGUÉS

Teatro de evasión, que huye de los problemas sociales de posguerra: Juan Ignacio Luca de Tena, Joaquín Calvo Sotelo.

2.- TEATRO DE HUMOR

Miguel Mihura y Enrique Jardiel Poncela consiguen renovar el humor de corte castizo y costumbrista. Mediante el humor crítico basado en el absurdo y la ambigüedad hacen reflexionar al público.

3.- TEATRO REALISTA Y COMPROMETIDO

Compromiso político y denuncia social. Tuvo poca difusión por la censura política; sin embargo, en 1949 se estrena *Historia de una escalera,* de Antonio Buero Vallejo.

4.- TEATRO EXPERIMENTAL

Fernando Arrabal mezcla en su obra el surrealismo, el absurdo, el teatro de la crueldad, la crítica social y el humor.

Francisco Nieva consigue aunar la imaginación desbordante y la expresividad novedosa con la tradición literaria española, el sainete, el entremés, el esperpento y la picaresca.

ACTIVIDAD A: LITERATURA Y POLÍTICA

Se propone formar tres grupos para leer la Sinopsis literaria:

Grupo A: La novela.
Grupo B: La poesía.
Grupo C: El teatro.

Relaciona cada momento político de la columna A con los temas literarios de la columna B.

A	B
❑ Dictadura.	a.- La literatura del exilio.
❑ Guerra Civil.	b.- Censura literaria.
❑ Posguerra.	c.- Angustia, soledad, desarraigo.
❑ Compromiso político.	d.- Realismo social.
❑ Crítica social.	e.- Injusticia y desarreglos políticos.
❑ Transición.	f.- Humor crítico.
❑ Protesta.	
❑ Democracia.	

ACTIVIDAD B: CORRIENTES LITERARIAS

Define estas corrientes literarias consultando la Sinopsis.

La novela del exilio: ....
....

La poesía desarraigada: ....
....

La poesía social: ....
....

Los novísimos: ....
....

El drama burgués:...
....

El teatro de humor: ....
....

El teatro experimental: ....
....

ACTIVIDAD C: LA PALABRA Y LA IMAGEN

Observa estas imágenes y relaciónalas con las etapas de la literatura española actual.

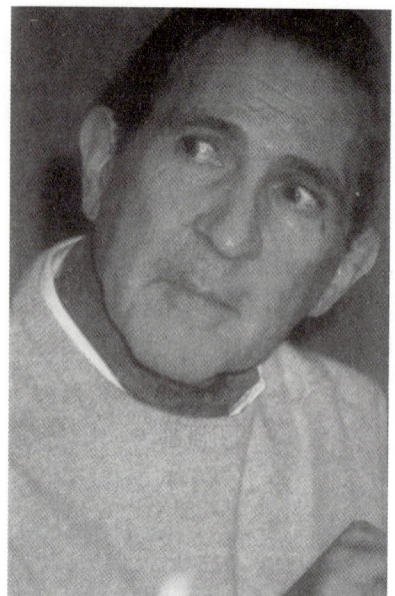

Camilo José Cela.

Antonio Gala.

Retrato de Franco, por Fernando Botero.

Proclamación de D. Juan Carlos I como rey de España.

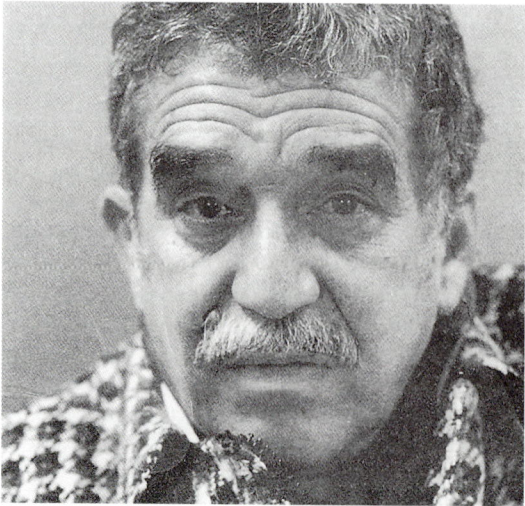

Gabriel García Márquez.

❑ Premio Nobel de literatura.
❑ Autor teatral y novelista.
❑ La censura y el exilio.
❑ La democracia.
❑ La novela Hispanoamericana.

ACTIVIDAD D: POESÍA Y PROSA

1.- ¿A qué período de la historia de España se refieren ambos textos?

❏ A la Guerra Civil.
❏ Al exilio.
❏ La transición a la democracia.

2.- Busca en los textos de la página siguiente las palabras más significativas que justifiquen la respuesta.

TEXTO A

TEXTO B

3.- Un texto narra la experiencia personal de un niño y el otro la visión de una colectividad, un pueblo.

◆ ¿Cómo pondrías en relación las emociones y sufrimientos que sienten?

◆ ¿Cuáles son los temas principales de los textos?

◆ ¿Recuerdas conflictos bélicos que hayan sucedido recientemente en el mundo?

◆ ¿Cómo describirías las imágenes que llegaron a vosotros a través de la televisión, o la prensa?

Texto A

INTENTO FORMULAR MI EXPERIENCIA DE LA GUERRA

Fueron, posiblemente,
los años más felices de mi vida,
y no es extraño, puesto que a fin de cuentas
no tenía los diez.

Las víctimas más tristes de la guerra
los niños son, se dice.
Pero también es cierto que es una bestia el niño:
si le perdona la brutalidad
de los mayores, él sabe aprovecharla,
y vive más que nadie
en ese mundo demasiado simple,
tan parecido al suyo.

Para empezar la guerra
fue conocer los páramos con viento,
los sembrados de gleba pegajosa
y las tardes de azul, celestes y algo pálidas,
con los montes de nieve sonrosada a lo lejos.
Mi amor por los inviernos mesetarios
es una consecuencia de que hubiera en España
casi un millón de muertos.

(Gil de Biedma)

Texto B

Un día del mes de Julio la guardia civil de la aldea se marchó con órdenes de concentrarse
–según decían– en algún lugar a donde acudían las fuerzas de todo el distrito. Los concejales
sentían alguna amenaza en el aire, pero no podían concretarla.(...)
En la iglesia, Mosén Millán anunció que estaría El Santísimo expuesto día y noche, y después
protestó ante don Valeriano –al que los señoritos habían hecho alcalde– de que hubieran matado
a los seis campesinos sin darles tiempo para confesarse. El cura se pasaba el día y parte de la
noche rezando.
El pueblo estaba asustado, y nadie sabía qué hacer (...) Nadie sabía cuándo mataban a la gente.
Es decir, lo sabían, pero nadie los veía. Lo hacían por la noche, y durante el día el pueblo parecía
en calma. Entre la aldea (...) habían aparecido abandonados cuatro cadáveres más, los cuatro de
concejales.

(Ramón J. Sender: *Réquiem por un campesino español*)

ACTIVIDAD E: EL REALISMO SOCIAL

1.- Busca información sobre *La Colmena*, de Camilo José Cela.

2.- ¿Qué temas trata?

3.- ¿Qué personajes aparecen como protagonistas?

4.- ¿Qué importancia tiene el medio rural o urbano donde se desarrolla la acción?

5.- Lee el siguiente fragmento de *La Colmena* y analiza los siguientes puntos:

◆ El argumento y el tema.
◆ Estructura externa.
◆ Estructura interna.
◆ Lenguaje y estilo.
◆ Conclusiones.

6.- ¿Qué significado tiene la palabra colmena en la novela?

7.- ¿Qué representan cada uno de los personajes?

LA COLMENA

Doña Rosa madruga bastante, va todos los días a misa de siete.

Doña Rosa duerme, en este tiempo, con camisón de abrigo, un camisón de franela inventado por ella.

Doña Rosa, de vuelta de la iglesia, se compra unos churros, se mete en su Café por la puerta del portal –en su Café que semeja un desierto cementerio, con las sillas patas arriba, encima de las mesas, y la cafetera y el piano enfundados–, se sirve una copa de ojén, y desayuna.

Doña Rosa, mientras desayuna, piensa en lo ingenuo de los tiempos; en la guerra que, ¡Dios no lo haga!, van perdiendo los alemanes; en los camareros, el encargado, el echador, los músicos, hasta el botones, tienen cada día más exigencias, más pretensiones, más humos.

Doña Rosa, entre sorbo y sorbo de ojén, habla sola, en voz baja, un poco sin sentido y a la buena de Dios.

– Pero quien manda aquí soy yo, ¡mal que os pese! Si quiero me echo otra copa y no tengo que dar cuentas a nadie.(...)

El Café es como el gato, sólo que más grande. Como el gato es mío, si me da la gana le doy morcilla o lo mato a palos.

Don Roberto González ha de calcular que, desde su casa a la Diputación, hay más de media hora andando.

Don Roberto González, salvo que esté muy cansado, va siempre a pie a todas partes. Dando un paseíto se estiran las piernas y se ahorra, por lo menos, una veinte a diario, treinta y seis pesetas al mes, casi noventa duros al año.(...)

Don Roberto González no se queja, los hay que están peor. Después de todo, tiene salud, que es lo principal.

(Camilo José Cela)

ACTIVIDAD F: EL REALISMO MÁGICO

1.- ¿Qué es el realismo mágico?

2.- Autores:

3.- Analizad el siguiente texto de García Márquez:

◆ El autor y la obra.

◆ Argumento y tema.

◆ Estructura interna.

◆ Estructura externa.

◆ Lenguaje y estilo.

◆ Opinión personal.

CIEN AÑOS DE SOLEDAD

José Arcadio Buendía no logró descifrar el sueño de las casas con paredes de espejos hasta el día en que conoció el hielo. Entonces creyó entender su profundo significado. Pensó que en un futuro próximo podrían fabricarse bloques de hielo en gran escala, a partir de un material tan cotidiano como el agua, y construir con ellos las nuevas casas de la aldea. Macondo dejaría de ser un lugar ardiente, cuyas bisagras y aldabas se torcían de calor, para convertirse en una ciudad invernal. Si no perseveró en sus tentativas de construir una fábrica de hielo fue porque entonces estaba positivamente entusiasmado con la educación de sus hijos, en especial la de Aureliano, que había revelado desde el primer momento una rara intuición alquímica.

(Gabriel García Márquez)

ACTIVIDAD G: LITERATURA Y CIVILIZACIÓN

JORGE LUIS BORGES	
ESTILO:	OBRAS:
TEMAS:	PERSONAJES:

ESPAÑA

Más allá de los símbolos,

más allá de la pompa y de la ceniza de los aniversarios,

más allá de la aberración del gramático

que ve en la historia del hidalgo

que soñaba ser don Quijote y al fin lo fue,

no una amistad y una alegría

sino un herbario de arcaísmos y un refranero,

estás, España silenciosa, en nosotros.

España del bisonte, que moriría

por el hierro o el rifle,

en las praderas del ocaso, en Montaña,

España donde Ulises descendió a la casa del Hades,

España del íbero, del celta, del cartaginés y de Roma,

España de los duros visigodos,

de estirpe escandinava,

que deletrearon y olvidaron la escritura de Ulfilas,

pastor de pueblos,

España del Islam, de la cábala
y de la Noche Oscura del Alma,
España de los inquisidores,
que padecieron el destino de ser verdugos
y hubieran podido ser mártires,
España de la larga aventura
que descifró los mares y redujo crueles imperios
y que prosigue aquí, en Buenos Aires,
en este atardecer del mes de julio de 1964,
España de la otra guitarra, la desgarrada,
no la humilde, la nuestra,
España de los patios,
España de la piedra piadosa de catedrales y santuarios,
España de la hombría de bien y de la caudalosa amistad,
España de inútil coraje,
podemos profesar otros amores,
podemos olvidarte
como olvidamos nuestro propio pasado,
porque inseparablemente estás en nosotros,
en los íntimos hábitos de la sangre,
en los Acevo y los Suárez de mi linaje,
España,
madre de ríos y de espadas y de multiplicadas generaciones,
incesante y fatal.

(Jorge Luis Borges)

1.- Señala el tema del poema. ¿Cómo describe a España a través de la historia?

2.- Resume el contenido del poema.

3.- ¿Qué rasgos culturales son los que resalta el autor sobre España?

4.- ¿Qué nexos son los que unen a España y a América Latina?

ACTIVIDAD H: LA VOZ CALLADA

Lee el fragmento de Buero Vallejo.

A.- ¿Cómo plantea el autor los problemas de los jóvenes que están viviendo la represión de la dictadura?

B.- ¿Cómo sueñan poder encontrar la libertad?

C.- ¿Conocéis la historia popular *La Lechera*?

D.- ¿Cómo termina la acción?

EL CUENTO DE LA LECHERA

Fernando: – No. No. Te lo suplico. No te marches. Es preciso que me oigas... y que me creas. Ven (La lleva al primer peldaño. Como entonces).
(Con un ligero forcejeo la obliga a sentarse contra la pared y se sienta a su lado. Le quita la lechera y la deja junto a él. Le coge una mano).

Carmina: – ¡Si nos ven!

Fernando: – ¡Qué nos importa! Carmina, por favor, créeme. No puedo vivir sin ti. Estoy desesperado. Me ahoga la ordinariez que nos rodea. Necesito que me quieras y que me consueles. Si no me ayudas, no podré salir adelante.

Carmina: – ¿Por qué no se lo pides a Elvira?
(Pausa. Él la mira, excitado y alegre).

Fernando: – ¡Me quieres! ¡Lo sabía! ¡Tenías que quererme! (Le levanta la cabeza, ella sonríe involuntariamente). ¡Carmina, mi Carmina!
(Va a besarla, pero ella le detiene). (...)

Fernando: – (Abrazándola por el talle). Carmina, desde mañana voy a trabajar firme por ti. Quiero salir de esta pobreza, de este sucio ambiente. Salir y sacarte a ti. Dejar para siempre los chismorreos, las broncas entre vecinos... Acabar con la angustia del dinero escaso, de los favores que abochornan como una bofetada, de los padres que nos abruman con su torpeza y su cariño servil, irracional...

Carmina: – (Reprensiva). ¡Fernando!

Fernando: – Sí. Acabar con todo esto. ¡Ayúdame tú! Escucha: voy a estudiar mucho, ¿sabes? Mucho. Primero me haré delineante. (...) Ganaré mucho dinero, Por entonces, tú serás mi mujercita, y viviremos en otro barrio, en un pisito limpio y tranquilo...

Carmina: – (Que le ha escuchado extasiada) ¡Qué felices seremos!

Fernando: – ¡Carmina!
(Se inclina para besarla y da un golpe con el pie a la lechera, que se derrama estrepitosamente. Temblorosos, se levantan los dos y miran, asombrados, la gran mancha blanca en el suelo.)

T
T TELÓN
T

(Antonio Buero Vallejo: *Historia de una escalera*)

ACTIVIDAD I

■ Investiga sobre la novela española actual y el cine.

◆ Vídeos.
◆ *Los santos inocentes.*
◆ *Malena es un nombre de tango.*

◆ *La Colmena.*
◆ *La estanquera de Vallecas.*
◆ *Tiempo de silencio.*